io imprensasocial

Esta publicação foi possível graças
a um programa de ação social da

imprensaoficial

Em Questão 2

Políticas e práticas de leitura no Brasil

Governador — Geraldo Alckmin
Secretário Chefe da Casa Civil — Arnaldo Madeira

IMPRENSA OFICIAL DO ESTADO DE SÃO PAULO
Diretor-presidente — Hubert Alquéres
Diretor Vice-presidente — Luiz Carlos Frigerio
Diretor Industrial — Teiji Tomioka
Diretor Financeiro e Administrativo — Alexandre Alves Schneider
Núcleo de Projetos Institucionais — Vera Lucia Wey

OBSERVATÓRIO DA EDUCAÇÃO
Coordenadora geral — Camilla Croso Silva
Coordenadora de comunicação — Michelle Prazeres
Equipe — Rita de Cássia da Silva, Tania Portella e Valéria Cáceres

AÇÃO EDUCATIVA
Presidente — Maria Machado Malta Campos
Vice-presidente — Pedro de Carvalho Pontual
Diretor Financeiro — Vicente Rodriguez
Diretora Técnica — Marilia Pontes Sposito
Diretor Secretário — Orlando Jóia
Coordenador Geral — Sérgio Haddad
Coordenadora de Programas — Vera Masagão Ribeiro

Em Questão 2

Políticas e práticas de leitura no Brasil

Observatório da Educação
PELO CONTROLE SOCIAL DAS POLÍTICAS PÚBLICAS

ação educativa

imprensaoficial

São Paulo, 2004

Políticas e práticas de leitura no Brasil. – São Paulo : Imprensa Oficial do Estado de São Paulo : Observatório da Educação e da Juventude, 2004.
86p. : il. – (Em Questão; 2)

ISBN 85-7060-244-8 (Imprensa Oficial do Estado de São Paulo)

1. Leitura – Brasil. 2. Letramento – Brasil. 3. Educação. I. Série

CDD 418.4

Foi feito depósito legal na Biblioteca Nacional (Lei nº 1.825, de 20/12/1907)

Observatório da Educação
Rua General Jardim, 660
01223-010 São Paulo-SP
(11) 3151 2333
www.controlesocial.org.br
observatorio@acaoeducativa.org

Ação Educativa
Rua General Jardim, 660
01223-010
São Paulo-SP
(11) 3151 2333
www.acaoeducativa.org

Imprensa Oficial do Estado de São Paulo
Rua da Moóca, 1921 - Moóca
03103-902 São Paulo - SP
www.imprensaoficial.com.br
livros@imprensaoficial.com.br
SAC 0800-123 401

falando nisso...

O Observatório da Educação e da Juventude lança, com este caderno, seu segundo número da série **Em Questão**, que aborda as políticas e as práticas de leitura no País, focando as concepções que as embasam, alguns mitos e ideologias que as circundam, os atores que estão em jogo, as problemáticas e os desafios que se apresentam, além de diversas aprendizagens decorrentes da implementação de experiências concretas nesse campo.

Em um país com índices de analfabetismo alarmantes, mas que hoje coloca a alfabetização de jovens e adultos como foco central da política pública federal de educação, ao Observatório pareceu importante e oportuno aprofundar o debate sobre leitura e letramento. Como coloca Vera Masagão Ribeiro, letramento é uma acepção ampliada do conceito de alfabetização, "que se refere às práticas de uso da linguagem escrita em diversos contextos sociais". Assim, é proposital a escolha do foco desse caderno em políticas e práticas de leitura, buscando enfatizar processos de letramento para além da aprendizagem inicial da leitura e da escrita e salientando o estreito vínculo entre educação e cultura, bem como entre o espaço da escola e outros espaços que – junto com ela – podem compor comunidades de aprendizagem.

Na seção **O nó da questão**, Vera Masagão Ribeiro discute as problemáticas centrais do processo de letramento, dialogando com os demais autores deste caderno. Ressalta ser fundamental uma melhor compreensão da questão se quisermos ter políticas de leitura mais acertadas e significativas. Cita, por exemplo, estudos que questionam o mito de que "a leitura em si promove o desenvolvimento intelectual e espiritual das pessoas". "Os estudos sobre letramento", diz a autora, "mostram que a questão não é o que a leitura pode fazer com as pessoas, mas, sim, o que as pessoas podem fazer com a leitura".

A seção **XYZ da questão** apresenta quatro artigos com reflexões críticas sobre as práticas de leitura, cada qual com um enfoque distinto: Carmem Bandeira conta das Oficinas de Leitura realizadas pelo Centro de Cultura Luiz Freire, em Olinda (PE), enfatizando o princípio da leitura compartilhada e o da identidade e salientando o processo de escolarização *com qualidade* como uma política de leitura central; Weber Lopes apresenta o Projeto Vamos Ler um Livro, iniciativa de um grupo juvenil, responsável pela implantação de uma biblioteca comunitária na zona leste de São Paulo, e que discute a leitura como meio de politizar questões sociais e de ter um sentido mais aguçado da realidade.

No terceiro artigo da seção, Maria do Socorro D'Ávila de Oliveira e Mauricilia Pereira da Silva relatam a iniciativa do Mala de Leitura, hoje parte do projeto político pedagógico das escolas do Projeto Seringueiro, no Acre, propiciando um rodízio de malas de livros com o objetivo de viabilizar a ampliação do universo cultural e lingüístico de comunidades que vivem no interior da floresta, ao mesmo tempo que busca contextualizar as histórias e os personagens à realidade local. Por último, Cláudia Neiva de Matos relata sua experiência e os desafios na formação de professores e professoras indígenas, ressaltando a importância de viabilizar a convivência entre "as artes verbais tradicionais e o sistema lingüístico e comunicativo em vias de reformatação pela aquisição da escrita".

A seção **Pontos e nós** apresenta uma notável entrevista com Marisa Lajolo, para quem a leitura está definitivamente presente na agenda das políticas educacionais. A pesquisadora ressalta que a leitura exige uma iniciação que nem sempre é fácil, reconhece os professores como heróis que muito realizam com os parcos recursos disponíveis e reforça a importância do "usuário ser o sujeito da escolha do seu livro". Lajolo também cobra uma maior responsabilidade social por parte da indústria editorial, que poderia contribuir para ampliar o acesso do livro à população, com melhores preços ou com uma melhor distribuição dos livros.

Na seção **Olhares e fazeres**, o caderno apresenta uma reportagem sobre políticas governamentais e iniciativas da sociedade civil e de empresas voltadas ao fomento de práticas de leitura. Esse conjunto de experiências nos dá um panorama, ainda que parcial, das diferentes abordagens e estratégias possíveis no âmbito das práticas e das políticas de leitura. Como ressalta Vera Masagão Ribeiro, é importante implementar estudos que "demonstrem os resultados dessas iniciativas de larga escala e detectem as condições locais que determinam esse ou aquele resultado". Por último, com o intuito de permitir um aprofundamento das questões aqui debatidas, a seção **Além disso** apresenta informações sobre instituições, projetos e publicações relacionadas ao tema em questão.

Camilla Croso Silva
Coordenadora do Observatório da Educação e da Juventude

nó

da questãO

Vera Masagão Ribeiro

Doutora em Educação pela PUC-SP, assessora e pesquisadora da Ação Educativa, coordena, junto com o Instituto Paulo Montenegro e o Ibope Opinião, o Inaf (Indicador Nacional de Albabetismo Funcional). Desenvolve trabalhos nas áreas de educação de jovens e adultos, alfabetismo e letramento. Entre suas publicações, destacam-se *Letramento no Brasil* (Global, 2003), *Educação de jovens e adultos: novos leitores, novas leituras* (ALB/Ação Educativa/Mercado de Letras, 2001) e *Alfabetismo e atitudes* (Papirus, 1999)

Para ler as políticas e as práticas de leitura no Brasil

As Nações Unidas proclamaram o período de 2003 a 2012 como a Década da Alfabetização, promovendo, com essa iniciativa, uma visão ampliada do conceito: não somente a aprendizagem inicial da leitura e da escrita, mas seus usos para a comunicação, a informação, a produção artística, a participação e a aprendizagem ao longo da vida. No Brasil, essa acepção ampliada do conceito de alfabetização vem sendo designada com o termo "letramento", que se refere principalmente às práticas de uso da linguagem escrita em diversos contextos sociais.

Nessa acepção ampla, podemos considerar que a alfabetização – ou o letramento – é um dos mais importantes legados da escolarização básica. Espera-se que as pessoas, depois de passar um período prolongado na escola, sejam capazes de se mover com autonomia numa sociedade letrada, sejam capazes de utilizar a leitura e a escrita para se informar, se expressar, documentar, planejar, aprender e que, além disso, sintam-se motivadas a se dedicar à leitura como forma de lazer e fruição artística. Nesse sentido, o domínio da leitura e da escrita é fator determinante da própria escolarização, pois delas dependem, em grande medida, as aprendizagens escolares e os métodos para avaliá-las.

Porém, há uma grande insatisfação disseminada na sociedade em relação à capacidade da escola para realizar sua missão como agência de alfabetização e letramento. A insatisfação começa na própria escola: os professores das várias disciplinas freqüentemente se queixam da dificuldade dos alunos para utilizar textos como estudo e para se expressar por escrito; aqueles que se dedicam especialmente ao trabalho com textos literários – os professores de Língua Portuguesa – lamentam que os alunos, particularmente os jovens, não adquirem o gosto pela leitura e que, diante da concorrência da televisão, é improvável que o livro conquiste um lugar no universo cultural das novas gerações. Os acadêmicos, por sua vez, muitas vezes acusam a própria escola de afastar os jovens da leitura, em razão das formas como nela a literatura é didatizada e imposta como obrigação.

Geralmente, é a partir desse nível de formulação do problema que a maioria das pessoas se convence da necessidade de promover a leitura por meio de políticas alternativas ou complementares à escolarização ou ainda de políticas que incidam sobre a própria escola, melhorando sua capacidade de formar leitores. Entretanto, o desenho e a avaliação das políticas demandam um melhor entendimento do problema que têm como alvo. Assim, antes de pressupor um desinteresse dos jovens, e dos brasileiros em geral, pela leitura e antes de atribuir à escola ou aos professores a culpa por essa situação desastrosa, é preciso compreender o problema, dimensionando-o nos contextos socioeconômico e cultural do País. É preciso ter em vista as condições em que as escolas públicas brasileiras exercem sua função de agências de letramento, a que demandas sociais respondem, que reforços recebem de outras instituições, quais seus limites e quais suas possibilidades. É possível que muitas políticas – dirigidas à promoção da leitura ou a outros temas – não surtam os efeitos esperados, porque a compreensão do problema a que se dirigem é limitada ou distorcida por valores ou crenças cujos fundamentos são duvidosos. É possível até que as políticas – e os discursos que as justificam – acabem por aprofundar os problemas, ou pelo menos distorcer ainda mais a visão que temos deles.

Várias pesquisas sobre as habilidades e as práticas de leitura e escrita da população identificam que o grau de escolaridade é a variável com maior peso relativo para influenciar as habilidades de leitura avaliadas por meio de testes. É fato que o grau de escolaridade está associado a outras variáveis relevantes, como o acúmulo cultural da família de origem, *status* ocupacional, renda, etc. Entretanto, estudos que usam metodologias estatísticas multivariadas, que permitem comparar o peso relativo das variáveis explicativas, mostram que o grau de escolaridade é quase sempre o fator com maior peso.

O Inaf (Indicador Nacional de Alfabetismo Funcional), estudo realizado no Brasil junto à população de 15 a 64 anos, confirma isso. Mesmo com todas as já conhecidas deficiências dos nossos sistemas de ensino, as pessoas que conseguem permanecer mais tempo na escola são aquelas que demonstram melhor desempenho no teste de leitura, aquelas que têm mais disposição para ler, aquelas que fazem um uso mais intenso e diversificado dessa competência. No levantamento do Inaf realizado em 2003, verifica-se que atingem um nível básico de domínio da leitura e escrita apenas 17% das pessoas com menos de quatro séries escolares completas. Já entre pessoas com o ensino fundamental (oito séries), esse percentual sobe para 86%. As práticas de leitura também variam bastante segundo o nível de escolaridade: 28% do total dos entrevistados declararam ler, ainda que de vez em quando, livros de ficção. Entre as pessoas que tem pelo menos o ensino médio completo, esse índice sobe para 48%.

Os dados do Inaf 2003 também não confirmam o preceito de que o brasileiro é avesso à leitura, pois 65% dos entrevistados afirmam que gostam de ler para se distrair. Esse é um índice alto, considerando que 60% da população brasileira entre 15 e 64 anos não tem sequer o ensino fundamental completo. Não é verdade também que os jovens não se interessam pela leitura: no grupo com 15 a 24 anos, o gosto pela leitura é mais freqüente que na população mais velha.

O que as pessoas gostam de ler, entretanto, não é necessariamente o que se considera como "boa leitura". Quando lêem para se distrair, 45% preferem revistas, 41%, livros sagrados ou religiosos, 38%, outros tipos de livros e 33%, jornais. A preferência por revistas, jornais e livros não-religiosos aumenta entre as pessoas com maior escolaridade. Já os livros religiosos são preferidos principalmente por pessoas com escolaridade mais baixa, o que mostra que, além da escola, as instituições religiosas também são importantes agências de letramento, ainda que promovam práticas menos diversificadas de leitura. O Inaf também investigou os agentes de letramento mais efetivos, ou seja, aquelas pessoas que, segundo os respondentes, mais influência tiveram sobre seu gosto pela leitura. A mãe foi a pessoa mais indicada por 41%, seguida por professores e professoras, mencionadas por 36%, e pelo pai, mencionado por 24%. Entre as pessoas com o ensino fundamental completo, a influência de professores e professoras suplanta a da mãe, indicando que a influência da família de origem é significativa, mas que a da escolarização, quando alongada, é dominante.

Ao lado das enquetes, que reúnem indicadores quantitativos sobre habilidades e práticas de leitura e escrita, nas últimas décadas realizaram-se vários estudos de cunho etnográfico e histórico que questionam certos mitos em relação à leitura. Analisando as práticas de uso da linguagem escrita em vários períodos históricos, em várias sociedades ou vários segmentos em uma mesma sociedade, esses estudos chamam a atenção para o fato de que há diferentes modos de ler e escrever, que a linguagem escrita pode servir aos mais diferentes fins, que nem sempre, na história, a disseminação da alfabetização produziu desenvolvimento econômico ou melhoria em indicadores sociais. O que se observa é que a democratização da leitura ocorre, em muitos casos, associada à democratização de outros recursos sociais e oportunidades de participação. Esses estudos mostram que os impactos sociais ou psicológicos do uso da linguagem escrita dependem do tipo de prática e do contexto social em que ela se realiza. O mito que questionam é o de que a leitura em si promove o desenvolvimento intelectual e espiritual das pessoas ou o progresso econômico e social.

Os estudos sobre letramento, portanto, mostram que a questão não é o que a leitura pode fazer com as pessoas, mas, sim, o que as pessoas podem fazer com a leitura. Paulo Freire, a partir da prática de alfabetização de adultos, também chegou a conclusão semelhante, defendendo o princípio de que aprender a ler e escrever tem valor à medida que capacita as pessoas a participar ativamente da sociedade, a analisar criticamente a realidade, a lutar por direitos e desafiar estruturas de poder estabelecidas. Certamente, não é qualquer ação alfabetizadora que promove esse tipo de atitude, nem qualquer política de promoção da leitura.

Outro aspecto sugestivo dos estudos sobre letramento é a relativização da dicotomia entre a comunicação oral e a comunicação escrita. Em muitas situações reais de uso, a leitura é uma prática compartilhada: nos cultos religiosos, por exemplo, muitos acompanham a leitura em voz alta feita pelo pastor, o mesmo acontece em serões familiares, quando são lidas cartas de parentes ou mesmo livros de história, ou ainda nas feiras do Nordeste, onde se comercializa a literatura de cordel. Nos ambientes escolares, a leitura do texto também é assistida pelo professor. Nesses casos, a compreensão se processa por meio do comentário oral sobre o que está sendo lido coletivamente. Mesmo quando a leitura de um livro ou jornal é feita de forma solitária, aparentemente por pura distração, há motivações de caráter social envolvidas: o desejo de comentar o livro com os colegas de trabalho, a necessidade de se identificar com atitudes dos pais ou professores, de se sentir parte de um grupo, por exemplo.

É importante ter em vista que, além dos impressos, há outros meios de comunicação pelos quais as pessoas se informam e partilham universos culturais. Essas outras mídias compõem o universo no qual se dá o letramento. Podem ser considerados baixos os índices verificados pelo Inaf de leitura de livros de ficção (28%) ou de leitura semanal de jornais (32%), entretanto, é preciso também que nos ocupemos com o fato de que só 32% da população vai ao cinema e só 17%, a teatros, e apenas 19% utilizam computador, ainda que eventualmente. Nesse sentido, 44% assistem a filmes alugados em vídeo e 95% assistem a noticiários na TV. A leitura não é a única forma de informação e participação social, mas, freqüentemente, a impossibilidade de ler está associada a outras formas de exclusão cultural, econômica e política. Não que a falta de leitura em si seja a causa das outras formas de exclusão, ela é apenas uma das dimensões na qual as desigualdades sociais se manifestam e se reproduzem. Assim, a promoção da leitura pode ser uma forma de superar desigualdades, principalmente se orientada politicamente com esse enfoque.

As experiências de promoção da leitura descritas e comentadas neste caderno traduzem, a seu modo, muitas das aprendizagens que as pesquisas sobre letramento nos proporcionam. Para começar, a de que não há política de promoção da leitura mais eficaz que a escolarização. É isso que nos anuncia Carmem Bandeira, por exemplo, ao introduzir seu relato sobre as oficinas de leitura do Centro de Cultura Luiz Freire, em Olinda, Pernambuco, com um painel sobre a precariedade das escolas públicas do Nordeste, que programas pontuais de incentivo à leitura não conseguirão reverter, a não ser na medida em que servem como canal de mobilização de educadores e jovens na luta por direitos, em especial por educação de qualidade, o que também implica a criação de acervos e a multiplicação de leituras compartilhadas nas escolas. A centralidade de professores e professoras como agentes promotores da leitura também se revela nas demais experiências relatadas, que atuam diretamente na formação desses mediadores de leitura ou relacionam-se de um modo ou de outro com as escolas.

Outro aspecto que anima os que neste volume comentam suas experiências de promoção da leitura é a possibilidade de contextualizar essa prática na vida das pessoas, de promover, assim, um letramento situado, relacionado às necessidades e às expectativas de comunidades locais. Em todas as narrativas, enfatiza-se a importância da leitura como meio de fortalecer os vínculos e a identidade de grupos. Não apenas a relação de cada leitor com o livro, mas principalmente as relações interpessoais provocadas por essa prática lhe conferem significado. Isso não se realiza graças à leitura de qualquer coisa, feita de qualquer modo. O fortalecimento identitário do grupo e o chamado à reflexão e ao engajamento são, antes, resultado de uma atitude dos agentes da leitura, atitude que determina o que se lê e como se lê.

Objetivos como esses são muito mais difíceis de atingir quando o desafio da leitura está enclausurado em uma cultura escolar que dialoga pouco com as necessidades e as expectativas das comunidades locais. E o problema, nesse caso, não é simplesmente o peso de uma tradição forjada num tempo em que a educação escolar era privilégio das elites. Há barreiras estruturais que dificultam tanto o acesso ao livro – falta de acervo ou de pessoal para cuidar de sua circulação organizada – quanto a formação de genuínas comunidades escolares conectadas com seu entorno, com autonomia e motivação para construir seus próprios projetos de letramento e transformação social. Falamos aí de corpos docentes insuficientes e instáveis, com poucas oportunidades de diálogo e trabalho coletivo.

Mas é nessas condições adversas que professores de escolas públicas realizam sua tarefa de introduzir crianças, jovens e adultos no universo da cultura letrada, universo ao qual, muitas vezes, eles mesmos são recém-chegados e no qual nem sempre se sentem totalmente à vontade. Na entrevista que concedeu a esta publicação, Marisa Lajolo reflete sobre os acertos e os desacertos das iniciativas de promoção da leitura literária nos sistemas públicos de ensino, destacando o papel de um importante ator nessa cena, até então não mencionado: a indústria editorial.

Na reportagem que faz o balanço das políticas governamentais no setor, temos notícias de programas que sinalizam alguma vontade política: formar professores, fazer os livros chegarem às escolas ou, por via das dúvidas, diretamente na mão dos estudantes. Mas, para além da vontade política, os dirigentes que comentam tais políticas são de alguma forma evasivos quanto à avaliação dos resultados. É como se não tivessem indícios nem sequer convicção sobre os impactos que tais políticas podem gerar. Faltam, de fato, estudos que demonstrem os resultados dessas iniciativas de larga escala e detectem as condições locais que determinam este ou aquele resultado. Em razão da falta de continuidade e de organicidade dessas políticas, Luiz Percival Britto, presidente da Associação de Leitura do Brasil, não vacila em denunciar – na reportagem – a sua ineficácia ou o seu viés elitista. Como advertem-nos os estudiosos do letramento, Percival Britto, Marisa Lajolo e outros autores deste caderno, as práticas e as políticas de leitura são – ainda hoje – campos minados por mitos e ideologias.

Leitores, cuidado!

xyz

da questão

Carmen Lúcia Bezerra Bandeira

Pedagoga, integrante da equipe de educação do Centro de Cultura Luiz Freire. Coordenadora do Projeto Rede de Educação e Leitura e co-autora do Projeto Oficinas de Leitura: Aprendendo a Gostar de Ler, ambos em Recife (PE)

A leitura e o direito à educação de qualidade:

lições das Oficinas de Leitura

CCLF

"A pintura nos fez enxergar a leitura como fonte de pesquisa e de imaginação." (Márcia Fontana, professora da 3ª série do ensino fundamental)

Num tempo em que a bandeira da leitura, centrada na valorização do objeto livro, invade os espaços da mídia com um discurso que atribui a esse objeto um papel redentorista, como se a difusão do hábito da leitura, por si só, fosse capaz de resolver todas as mazelas da sociedade e, principalmente, de solucionar o problema do fracasso escolar, é importante refletir sobre alguns aspectos, especialmente no que se refere à importância da leitura para a qualidade da educação pública.

Falar em qualidade da educação pública, sobretudo no Nordeste brasileiro, suscita a emergência de imagens de tantas escolas indigentes, com turmas superlotadas, banheiros sujos, mobiliários desgastados, materiais didáticos insuficientes, ausência ou mau funcionamento das bibliotecas, livros trancados em almoxarifados ou presos nas secretarias, longe do alcance de professores e alunos.

A distância que separa as classes sociais também se faz transparecer na organização dos sistemas educacionais, em que a escola pública, voltada para o atendimento à população de baixa renda, luta contra a carência de recursos materiais e humanos, enquanto as escolas privadas, freqüentadas pelos filhos das famílias que possuem um nível de renda mais elevado, são bem construídas e equipadas, cumprindo o papel de garantir o sucesso escolar, pois ali os alunos realmente concluem o processo de escolarização básica. Não se pode negar que as grandes escolas privadas são responsáveis pelo ingresso da maioria dos alunos nas universidades, sobretudo as públicas.

São vários os estudos – e aqui me reporto à professora Eliete Santiago – que mostram como a perversidade do sistema econômico reflete sobre o sistema educacional: os filhos das famílias mais abastadas freqüentam as escolas privadas, caras, para se prepararem para as universidades públicas, pois os alunos das escolas públicas não desenvolvem os estudos para que possam concorrer ao vestibular nessas universidades. Assim, os poucos que conseguem concluir a escolaridade básica entram nas universidades particulares, muitas delas de qualidade duvidosa.

Muito se tem falado, nos últimos tempos, sobre o fracasso escolar – e o ministro Cristovam Buarque tem declarado publicamente a falência da educação brasileira –, mas nunca é demais repetir que os altos índices de evasão escolar e de repetência, apontados como indicadores do fracasso da educação no Brasil, se referem principalmente às escolas públicas. E, na busca dos culpados para esse fracasso, é comum penalizar os professores ou centrar a discussão nos métodos, quando a questão central se situa no campo das políticas.

Está escrito na Constituição Federal que é dever do Estado garantir a oferta e as condições de permanência de todos os brasileiros nas três modalidades da educação básica: educação infantil, ensino fundamental e ensino médio. No entanto, nem todos sabem que esses recursos não estão dotados nos orçamentos da União, dos Estados e municípios.

Embora os economistas e estudiosos das políticas sociais do próprio governo tenham calculado que o custo da educação básica no Brasil exigiria, hoje, a aplicação de 7% do PIB (Produto Interno Bruto), atualmente os recursos disponíveis para a educação alcançam apenas 3,9% desse valor. O próprio governo admite que, apesar de a lei garantir a oferta de ensino nas três modalidades da educação básica, por questões de restrição orçamentária, só é possível garantir a universalização para o ensino fundamental. Então, usa-se como argumento a necessidade de pagamento da dívida externa, o que impede o destino de recursos para a garantia de um direito básico, como é a educação.

Não seria o caso de perguntar se a questão da falta de recursos para a educação refere-se unicamente à questão da dívida externa? Não seria o caso de refletir também sobre as prioridades no campo dos direitos sociais?

E, nesse sentido, vale mais uma vez salientar que o grande problema do fracasso da escola é uma questão de política pública, em que os penalizados pela decisão de não-investimento nesta área são exatamente os segmentos pobres da população. A decisão política de não se garantir os recursos para as três modalidades da educação básica – que, aliás, é uma questão de direito constitucional – significa afirmar que "pobre não precisa de educação de qualidade".

A qualidade da educação está garantida para quem tem níveis de renda mais elevados e se traduz na expectativa de fazer os filhos entrarem na universidade e concluírem o curso superior. E a porta de entrada para isso têm sido as grandes escolas privadas: os cursinhos preparatórios para o vestibular, as escolas das grandes congregações religiosas, entre outras, que estão muito distantes do poder aquisitivo da população de baixa renda.

Se alguém tem dúvida disso, basta perguntar por que as classes média e alta se recusam a colocar seus filhos na escola pública? Por que os governantes não colocam os seus filhos nas escolas públicas?

Poderíamos dizer que as escolas públicas do Nordeste são um exemplo da segregação social e racial no Brasil? Quantos negros estão matriculados nas grandes escolas privadas e quantos estão na escola pública? Seria demais afirmar que a escola pública é a dos negros, dos mestiços, dos índios, das populações economicamente desfavorecidas? Pois são exatamente estes os alunos e alunas que mais se evadem, repetem e, quando chegam na quinta, na sexta ou na sétima séries, mal sabem rabiscar o nome, juntar algumas letras e formar poucas palavras. Dados do Inep (Instituto Nacional de Estudos e Pesquisas Educacionais) mostram que, na rede pública, cerca de 1 milhão de estudantes (16,9% das matrículas) abandona o ensino médio durante o ano letivo.

Na rede privada, a taxa de abandono não chega a 3%. No ensino fundamental, 2,9 milhões de alunos (ou 10,4% das matrículas) deixam a escola a cada ano, enquanto, na rede privada, a taxa de abandono é de 1%. Seriam estas constatações apenas um problema de método, ou haveria implicações políticas mais sérias por trás desses alarmantes índices de evasão escolar?

A essa altura, os leitores e as leitoras já devem estar se perguntando o que tem a ver essa introdução com o discurso que começa a propagar o livro como o salvador da humanidade ou com a afirmação de que "brasileiro não tem o hábito de ler", outra idéia bastante propagada pelo senso comum.

Vamos arriscar algumas aproximações em resposta a essas perguntas, compartilhando algumas lições aprendidas com as Oficinas de Leitura: Aprendendo a Gostar de Ler, desenvolvidas pelo Centro de Cultura Luiz Freire.

A leitura colada à vida

As Oficinas de Leitura foram criadas, há pouco mais de uma década, pela equipe de educação do Centro de Cultura Luiz Freire, em parceria com o Centro de Educação da UFPE (Universidade Federal de Pernambuco). O método foi criado de forma coletiva, com o objetivo de fortalecer o trabalho das educadoras populares em uma de suas tarefas, que é orientar a aprendizagem das crianças das comunidades com aulas de reforço ou iniciá-las no processo de alfabetização. Dessa forma, as Oficinas adotaram pelo menos dois princípios inspirados nas formas de trabalho dos grupos de educação popular:

- O princípio da *leitura compartilhada*, uma vez que, em suas práticas, está sempre presente a idéia do fazer junto, do trabalho em mutirão. Assim, valorizam-se os conteúdos das histórias de vida e das lutas de cada um, focando os sujeitos inseridos nos seus contextos sociais, mobilizados em torno da conquista da cidadania. Nesse sentido, é interessante o depoimento do professor indígena Adjailson Xukuru sobre sua experiência com as Oficinas de Leitura:

"Ao término das oficinas, recebi uma mala e, junto com a comunidade, resolvi transformar a simples abertura da mala numa festa. Todo o povo Xukuru se empolgou e ficou curioso, cada um soltou sua imaginação e opinou sobre o conteúdo dela. A abertura ficou sob a responsabilidade de nosso eterno cacique Xicão. Silêncio absoluto... Quando ele abriu a mala, todos ficaram absolutamente emocionados! Queriam tocar, ver os livros que ganhamos".

- O princípio da *identidade*, que, além da classe social, destaca a dimensão étnica, pois, nos bairros populares da Região Metropolitana do Recife, a cultura popular é muito misturada com os cultos das tradições afro-indígenas. Assim, essa dimensão é também integrada e valorizada como conteúdo de leitura. Na comunidade de Brasília Teimosa, por exemplo, entre as atividades educativas, organizou-se um maracatu com as crianças, e um dos conteúdos de leitura refere-se à história do maracatu. Uma das estratégias de incentivo à escrita para os alunos do ensino fundamental é a realização de um concurso sobre loas de maracatu, que, além de serem apresentadas em forma de teatro, tornam-se material de leitura e escrita para as crianças da pré-escola. Numa das salas da pré-escola, há um cartaz com a loa do maracatu "Nação Erê", composição de Dandara, aluna da quarta série:

"Meu povo que não viu
Meu povo venha ver
O batuque mais bonito
É o batuque do Nação Erê".

A própria Dandara, batuqueira e cantora de maracatu, passa de sala em sala da educação infantil, ensinando as crianças a cantar, a produzir o ritmo do batuque com as mãos e a reconhecer as palavras do cartaz.

Educadores populares e professoras: identidade em rede

A identidade profissional aproxima os educadores populares das professoras de educação infantil e ensino fundamental, pois é muito tênue a linha que separa a ação educativa desenvolvida pelos grupos populares no movimento comunitário da realidade das escolas públicas no Nordeste. Ambas tratam da educação do povo, e educadores populares e professoras mantêm vínculos de identificação, seja pela questão da classe social, pela relação com a cultura, seja por residirem no mesmo bairro em que as crianças. Assim, as professoras Ivana e Wilma, das turmas de educação infantil da Escola Municipal Novo Pina, falam sobre o projeto de leitura que desenvolveram com suas crianças:

"Queríamos fazer algo diferente, que mexesse com as nossas estruturas, assim como as das crianças e do local onde vivemos. Resolvemos, então, trabalhar o bairro do Pina, lugar onde crescemos e que está sendo o berço das crianças. Percebemos que pelo tema bairro podemos trabalhar aspectos sociais, culturais, econômicos, geográficos e emocionais".

Nas suas práticas cotidianas, que também são marcadas pelo processo de luta pela qualidade da educação, esse coletivo de professoras e educadores populares tem se esforçado para conquistar um tempo regular dedicado ao desenvolvimento da leitura. A primeira queixa, quando se vêem na roda, diante de tantos livros bonitos e coloridos, é um certo sentimento de culpa por não praticarem o "hábito da leitura", principalmente por "falta de tempo". Ao dizer isso, eles nem se dão conta de que não computam como leitura, por exemplo, os conteúdos lidos e estudados para planejamento de suas aulas e as pesquisas e consultas aos livros didáticos. Tampouco parecem se aperceber de que freqüentam as Oficinas de Leitura por vontade própria. Logo, é possível encontrar um tempo, e a questão é de prioridade ou escolha.

Atualmente, são mais de trezentas professoras e educadores populares que fizeram a opção e mantêm vínculos com as Oficinas de Leitura, por adesão voluntária, legitimando este espaço como um lugar privilegiado de formação continuada. Encontra-se em processo a constituição de uma Rede de Educação e Leitura, formada basicamente por professoras de creches e pré-escolas comunitárias e municipais, das séries iniciais do ensino fundamental, professoras índias e quilombolas, além de educadores populares, envolvidos com os movimentos educativos e culturais nas comunidades. Os grupos de juventude também demonstram fortes sinais de adesão à Rede.

O que une essa frente de professoras e educadores populares, além do fato de atuarem na educação infantil ou com crianças e adolescentes no nível do ensino fundamental, é a mobilização em torno da luta pela cidadania, que agora inclui a criação de acervos e a multiplicação de práticas de leitura nas comunidades, dentro e para além dos muros da escola.

As Oficinas de Leitura têm grande responsabilidade no processo da inclusão da leitura na pauta de reivindicação desse coletivo de educadores. Sua metodologia envolve uma cuidadosa seleção de livros voltados para instigar a reflexão sobre as dimensões da identidade anteriormente citadas; desenvolver a imaginação; incentivar o contato com a língua e as imagens na sua dimensão estética; e, principalmente, formar opinião e desenvolver as possibilidades da expressão – oral, escrita, plástica, dramática. Com base nessa metodologia, as Oficinas desenvolvem uma prática de leitura que fortalece os sujeitos como produtores de linguagens e mobiliza as professoras e os educadores populares pela qualidade da educação.

Um dos aspectos mais valorizados nas Oficinas é a criação de vínculos de solidariedade entre os grupos, a possibilidade de aprofundar a amizade, de se conhecerem uns aos outros. São muito comuns depoimentos como: "Mesmo estando juntas anteriormente em outras capacitações, a gente não se reconhecia pelo nome". Também é muito comum se afirmar como diferencial dessa formação o valor atribuído à voz, à escrita e ao exercício da produção de linguagens, que se reflete na autonomia, na autoria das professoras e dos educadores.

A grande lição que se recolhe dessa experiência ressalta a importância do livro como recurso facilitador da comunicação e da relação interpessoal, como importante canal de aproximação entre as modalidades falada e escrita da língua, como desencadeador de novas narrativas, de criação de novas histórias e de incentivo à prática da reflexão e ao desenvolvimento da imaginação.

Mas é necessário destacar que a importância não reside no valor do livro por si só. Pode-se afirmar que o sucesso das Oficinas de Leitura é muito mais creditado à metodologia que valoriza, sobretudo, a autoria, a possibilidade de desenvolvimento da expressão e das múltiplas linguagens dos educadores e das professoras-leitoras.

Nas Oficinas, o livro de literatura é utilizado como recurso de formação continuada de leitores. E, nesse sentido, afirmamos que as histórias de vida, das lutas comunitárias e os acervos pessoais são tão importantes quanto os livros, pois cada pessoa, inserida em seu contexto cultural, é fonte de muitas histórias. É principalmente nas pessoas que se encontram as possibilidades de expressão que dão vida a novas histórias, novas linguagens e sugerem a produção de novos livros ou de outras manifestações do conhecimento.

É importante salientar que uma política de leitura deve estar centrada no desenvolvimento dos sujeitos, na formação e na valorização dos educadores, na criação das condições para que se desenvolvam as suas possibilidades de expressão, de comunicação, de ampliação do horizonte do conhecimento. O que requer escolas bem equipadas, com boas bibliotecas, salários justos e condições de trabalho dignas para professores, o que inclui processos de formação continuada.

Por fim, não se pode falar da política de leitura dissociada de uma política de qualidade educacional para a população brasileira como um todo. Mas uma política de difusão de livros de literatura não é o bastante. Não pode ser confundi-la com política de qualidade para a educação, já que não vai dar conta de resolver as mazelas do tão propalado fracasso escolar.

PROJETO OFICINAS DE LEITURA: APRENDENDO A GOSTAR DE LER

REALIZAÇÃO: CENTRO DE CULTURA LUIZ FREIRE, EM PARCERIA COM O CENTRO DE EDUCAÇÃO DA UNIVERSIDADE FEDERAL DE PERNAMBUCO

CONTATO: CARMEM LÚCIA BEZERRA DA SILVA

TEL.: (81) 3301-5245

E-MAIL: carminha@cclf.org.br

Weber Lopes

Integrante do Núcleo Cultural Força Ativa e coordenador da Biblioteca Comunitária Solano Trindade, de Cidade Tiradentes, zona leste de São Paulo, SP. Participa do Projeto Culturas Juvenis: Educadores e Escolas, desenvolvido pela Ação Educativa desde 1999. Integra o Projeto Circuito Cultural Escolar e Agente Multiplicador de Prevenção em DSTs/aids. O Núcleo Cultural Força Ativa é um grupo juvenil que surgiu, em 1989, na região norte de São Paulo, e desde 1995, atua em Cidade Tiradentes

Vamos Ler um Livro:

iniciativa de um grupo juvenil

Força Ativa

O Projeto Vamos Ler um Livro nasceu em 1995 por meio da iniciativa do grupo de música rap Juventude Armada. Vários integrantes do grupo fazem parte do grupo juvenil Núcleo Cultural Força Ativa. Como os demais grupos do Força Ativa, o Juventude Armada trabalha temáticas ligadas à politização, a questões sociais, raciais e de questionamento da sociedade, fazendo o que chamamos de "rap politizado". Um de seus integrantes, Betinho, compôs a música "Vamos ler um livro", apresentada pelo grupo em diversas escolas locais. A letra procura discutir dois pontos: primeiro, a necessidade de os rappers começarem a ler, afinal, eles transmitem conhecimento e problematizam discussões; outro ponto é fazer com que a população de modo geral se interesse pela leitura.

Como o Força Ativa sempre atuou em escolas, fazíamos palestras e encerrávamos cantando esse rap. Assim, começamos a difundir a idéia da importância da leitura, no sentido de se informar, de se politizar. Quando falamos de leitura, nos referimos à busca de conhecimento, o que não se faz lendo "qualquer coisa". Existem leituras e leituras. Incentivamos a leitura de autores preocupados em entender o Brasil e a sociedade de modo geral, seu passado, seu presente e que sociedade esperamos para o futuro. Pensamos na leitura como uma forma de questionamento: por que moramos na periferia? Como se deu a formação da sociedade brasileira? Qual o sistema de desenvolvimento no Brasil e seu resultado? Como se dá a desigualdade social? Quais suas causas e o que há por trás dela? Como ela revela o real, ou seja, as contradições entre o capital e o trabalho? Por que as informações e todas as formas de conhecimento estão centralizadas? Então, pensamos em autores preocupados com a exclusão social. A leitura também se coloca como ferramenta de combate à ideologia dominante, e acreditamos que é possível fazer uma leitura da sociedade, entender as contradições de classe e acreditar que é possível mudar esta realidade por meio da organização dos despossuídos.

Nas conversas que se seguiam às apresentações, reafirmava-se a dificuldade dos moradores da Cidade Tiradentes em ter acesso à leitura e a bibliotecas. A Cidade Tiradentes é um bairro-dormitório e, assim como outros locais afastados do centro, sofre pela carência de políticas públicas. Para ter acesso a uma biblioteca, as pessoas têm de ir a Guaianazes, a São Mateus ou a outros bairros vizinhos. Já nas bibliotecas das escolas públicas tem o problema do distanciamento entre escola e comunidade. Esses acervos são abertos apenas aos alunos das escolas, mas sem nenhum incentivo real para que os estudantes os utilizem, e os professores não ensinam os alunos a pesquisar.

Para superar essa dificuldade, o Núcleo Cultural Força Ativa, com o apoio de outros grupos de jovens, propôs-se a mobilizar a comunidade para a organização de um centro de estudos, contando com uma biblioteca administrada pelos jovens. Em função dessa idéia, iniciaram-se contatos para conseguir doações de livros e estantes. Porém, encontramos dificuldades pela falta de um local para a implantação do Projeto. Além disso, começaram a surgir divergências; algumas pessoas diziam que queríamos cumprir o papel do Estado; outros pensavam que deveríamos ter um centro de estudos e não uma biblioteca comunitária; e havia até quem pensasse que outras questões mais prioritárias deveriam ser encaminhadas. De 1995 a 1998, tomamos contato com o Projeto Integrar pela Educação[1], e o Projeto Vamos Ler um Livro assumiu três focos: denunciar a omissão do poder público, difundir a idéia da leitura e pensar novos sentidos para a educação.

Em 1998, o Núcleo Cultural Força Ativa passou a compor a equipe coordenadora do Projeto Integrar pela Educação, com outras seis organizações, com objetivo de gerar novos sentidos para a educação escolar por meio da combinação entre práticas educacionais formais e informais. No marco do Projeto Integrar pela Educação, o Força Ativa assumiu a responsabilidade principal de implantar uma biblioteca comunitária na Cidade Tiradentes, de modo a atender às suas próprias perspectivas, sem perder a sintonia com as aspirações comuns ao conjunto de organizações da equipe coordenadora.

1 Iniciado em setembro de 1999, com financiamento da Fundação Kellogg, o projeto Integrar pela Educação visa a uma educação para satisfazer as necessidades básicas das populações, trabalhando para que os educadores, coletivamente, influam na educação promovida pela escola e envolvam os demais funcionários, os alunos e seus familiares nas decisões sobre os sentidos e os tipos de atividades de aprendizagem. Além da Ação Educativa, outras seis organizações da Zona Leste de São Paulo são co-responsáveis pelo Integrar. Embora o projeto tenha sido encerrado oficialmente junto à Fundação Kellogg em 2002, as organizações envolvidas continuam desenvolvendo ações conjuntamente.

Nossa intenção era instalar um amplo e permanente processo participativo de formulação e implementação de uma política cultural adequada às peculiaridades dos moradores da Cidade Tiradentes. Além da biblioteca, pensávamos em conquistar um espaço com brinquedoteca, videoteca, incluindo exibição de filmes e realização de debates, além de cursos, etc. Para isso, era preciso interagir tanto com as autoridades públicas quanto com outros agentes culturais da sociedade civil na criação de políticas culturais.

Nesse sentido, temos tentado estabelecer diálogo com o poder público. Fizemos um abaixo-assinado e estamos elaborando um documento para entregar às autoridades, mostrando a importância da biblioteca e reivindicando não só isso, mas um centro cultural que atenda às necessidades do bairro. Atualmente, temos relação com a Comissão de Juventude da Câmara Municipal de São Paulo, que pode servir como ponte para o diálogo com a prefeitura. Também estamos buscando estabelecer uma relação com a Secretaria de Cultura do Estado de São Paulo, que recentemente lançou o Projeto São Paulo: Estado de Leitores.

A relação com outros produtores culturais da região se dá, principalmente, pela realização da Semana da Leitura, quando desenvolvemos atividades em vários espaços para difundir a idéia da importância da leitura, entre eles, os cursinhos pré-vestibulares, as escolas públicas da vizinhança, os Centros Gente Jovem, etc. Nesses locais, durante a Semana, organizamos oficinas, exibimos filmes e realizamos debates, uma espécie de bate-papo com os participantes sobre a importância de ler e a necessidade de uma biblioteca pública no bairro. Neste ano, para o encerramento da 2ª Semana, convidamos o Ferréz[2] e a Raquel Trindade[3], filha de Solano Trindade, patrono da nossa biblioteca comunitária, para conversar com a comunidade. Mesmo que sem qualquer recurso, esta é uma oportunidade para discutir a idéia de leitura com a comunidade, sempre com o mote "vamos ler um livro".

2 Reginaldo Ferreira da Silva, 24 anos, conhecido como Ferréz, é morador do bairro do Capão Redondo, zona sul da cidade de São Paulo. Em 1997, lançou o livro de poesias *Fortaleza da desilusão*. Em junho de 2000, publicou o livro *Capão Pecado*, pela editora Labortexto.

3 Raquel Trindade é artista plástica, teatróloga e trabalha pelo resgate da cultura afro-brasileira. Seu pai, Solano Trindade, era poeta e publicou vários livros.

A chegada da biblioteca

Em outubro de 2001, a biblioteca comunitária foi implantada em uma sala no centro comercial de Cidade Tiradentes e recebeu o nome de Centro de Documentação em Direitos Humanos e Biblioteca Comunitária Solano Trindade. O ponto de partida foi a parceria com o Projeto Integrar, por meio do qual conseguimos os recursos para a aquisição do acervo e de outros materiais. O Ibeac (Instituto Brasileiro de Estudos e Apoio Comunitário), com quem o Força Ativa vinha desenvolvendo algumas ações na área de direitos humanos, cedeu o espaço. Ali, funcionam a biblioteca comunitária e as atividades do projeto de direitos humanos. O Força Ativa se encarrega do funcionamento do espaço e arca com as despesas de manutenção, como água e luz. Membros do grupo se revezam no atendimento aos usuários da biblioteca e na organização do acervo (codificação, colocação de etiquetas, etc.). Todo o trabalho é feito manualmente, pois faltam computadores para informatizar o serviço. A biblioteca fica aberta ao público de segunda a sexta-feira, das 10h às 18h30.

Quando da abertura do espaço, não houve nenhum tipo especial de divulgação, que aconteceu apenas no boca-a-boca, pois o grupo Força Ativa exerce uma influência positiva na comunidade de Tiradentes por meio das palestras ou debates que promove nas escolas. O interesse pela biblioteca foi aumentando à medida que os usuários conheciam o espaço e divulgavam a ação para outras pessoas. Em um ano, tivemos 400 usuários cadastrados, o que é um número significativo se considerarmos a iniciativa acanhada e a falta de recursos para divulgação.

Para fazer o registro como usuário da biblioteca e ter acesso ao acervo, basta apresentar o comprovante de residência e a carteira de identidade. Até o mês outubro de 2003, havia quase 2 mil pessoas cadastradas. Os usuários podem pesquisar e também retirar livros pelo período de uma semana. A média é de cinco títulos retirados por usuário. Quando as pessoas se cadastram, contamos a história da biblioteca, nossas dificuldades, conscientizando a população sobre o caráter comunitário do equipamento e sobre a importância da contribuição de todos para a manutenção do acervo e do espaço. Procuramos mostrar que os materiais retirados são únicos, e outros usuários também precisam deles. Em geral, não há problemas quanto ao descumprimento dos prazos de entrega nem quanto à não-devolução dos materiais.

A biblioteca é muito procurada por crianças, que buscam gibis, livros infantis. Adolescentes e adultos também freqüentam o espaço, inclusive aqueles que estão retomando seus estudos. As pessoas buscam livros sobre política, literatura, sexualidade. Ou seja, conseguimos abranger o público de modo geral, e a cada dia cresce o número de usuários.

O acervo continua crescendo e hoje inclui livros de literatura infanto-juvenil, política, história, economia, livros didáticos para pesquisa escolar e algumas revistas de assinaturas de cortesia e de doação.

Entre os autores mais procurados, estão Machado de Assis, Eça de Queirós, Ruth Rocha e Monteiro Lobato. Também há significativa procura por literatura internacional, o que desmonta a visão preconceituosa de que na periferia não se lê ou de que as pessoas que moram na periferia não se interessam por leitura ou lêem qualquer coisa. Os livros de auto-ajuda e de assuntos religiosos são pouco procurados, dos mais solicitados destacam-se títulos como *Capão pecado*, do Ferréz, ou a obra de Dostoievski.

O futuro da biblioteca e a capacidade juvenil

Desde a implantação da biblioteca comunitária, nossa maior preocupação é quanto à manutenção. Há uma proposta orçamentária que envolve todo o Projeto Vamos Ler um Livro e um orçamento específico para a biblioteca, garantindo a manutenção do espaço, ajuda de custo para os animadores, que hoje trabalham voluntariamente na biblioteca. Muitas vezes, ficamos sem energia elétrica em razão do atraso do pagamento da conta de luz.

Sabemos que, para obter financiamento para nossa biblioteca comunitária, além de pensar na captação de recursos, teremos de lutar contra a visão preconceituosa de que os jovens não têm responsabilidade e são incapazes de gerir um projeto. O Força Ativa, por exemplo, por dois mandatos consecutivos conseguiu eleger um de seus membros para o Conselho Tutelar, contrariando a falsa visão que se tem da juventude. Quando um grupo de jovens se mostra capaz de criar e manter uma biblioteca com poucos recursos, participa do Orçamento Participativo, atua no Conselho Tutelar e ainda procura discutir e propor políticas públicas, desfaz-se um pouco essa visão preconcebida, que está no poder público, nos partidos, nos financiadores de projetos.

Bibliotecários da comunidade

"Entramos em contato com o Instituto Brasil Leitor[4], que nos forneceu o material para a realização do curso de Bibliotecário a Distância, voltado para a formação de gestores de bibliotecas. Eu estudei o material e ministrei o curso, em setembro de 2003, adaptado à nossa realidade. Uma das vantagens do curso é que ele nos permite conhecer e discutir a organização ideal de uma biblioteca. Participaram vários membros do Força Ativa e pessoas da comunidade que eram consulentes da biblioteca. Já estamos pensando em oferecer o curso novamente, até como forma de ampliar a participação da comunidade. Percebemos que não é preciso ter um curso de biblioteconomia para entender de biblioteca aprender a organizar um acervo ou dominar as técnicas de catalogação (apesar de que, se tivéssemos, seria bom). O curso pode até qualificar as pessoas para trabalharem em bibliotecas, acervos, livrarias, etc. Três pessoas da comunidade que participaram do curso hoje atuam como voluntárias na biblioteca." *Weber Lopes*

4
O Instituto Brasil Leitor é um consórcio formado por um grupo de empresas e profissionais da área de leitura e educação que trabalha com políticas de incentivo à leitura.
Tel.: (11) 3871-5032
E-mail: brasilleitor@uol.com.br
Mais informações na seção **Além disso** (p. 77).

Vamos ler um livro

(TRECHOS DA LETRA DO RAP "VAMOS LER UM LIVRO", DE BETINHO)

Ei, ei, cara
Mergulhe na história
Preste atenção no que eu vou dizer agora
Chega de ler besteira
Chega de babaquice
Procure se informar
Não seja o mestre da burrice
São tantos que falam merda
E isso enjoa, é um tormento
Procure ler um livro
Pois é a máquina do tempo

Milhares de livros estão ao seu alcance
Mas você não quer saber
Sua idéia é fraca a todo instante
Você só fala besteira
Não tem auto-estima, meu irmão
Procure ler um livro, a fonte de informação

Mas você não quer saber
Só se liga em leituras pornográficas
Tipo revistas importadas, que vêm com loiras bem grandes na capa
Meu irmão, se esse tipo de coisa para você é informação
Se liga nas patricinhas que aparecem na Malhação
A televisão é uma droga que esconde a nossa história
Só tem coisa pra boy, quer ver os pretos pedindo esmola

(...)

Agora eu quero ouvir, todo mundo comigo:
Vamos ler um livro, vamos ler um livro
Povo da periferia, vamos ler um livro
Eu quero ouvir a maioria, vamos ler um livro

Comuna Força Ativa, pois não queremos ser os tais
Pois sabemos que a boa leitura ensina até demais
Portanto, meu amigo, procure se informar
Pois do jeito que está, não, não pode ficar
São tantos sem cultura, sem conhecimento pra trocar
A leitura é importante, o livro é arma fatal
Que acaba com a ignorância, deixa sua mente legal

(...)

Estou cansado de ouvir esses caras falarem besteira
Chega de letra babaca, o hip-hop não é brincadeira
Vamos mostrar a história que a escola não mostra hoje em dia
Em forma de rap, mostrá-la para o povo, aos trabalhadores, na periferia
Vamos ler um livro, vamos ler um livro

BIBLIOTECA COMUNITÁRIA SOLANO TRINDADE – NÚCLEO CULTURAL FORÇA ATIVA
RUA DOS TÊXTEIS, 1.050 CEP 08490-600 CIDADE TIRADENTES SÃO PAULO-SP
EMAIL: ncforcativa@hotmail.com
SITE: www.ncfativa.cjb.net

Maria do Socorro D'Ávila de Oliveira

Coordenadora do projeto Mala de Leitura, integra a coordenação de educação do CTA. Licenciada em Letras Vernáculas e pós-graduada em Literatura Infantil, pela Ufac (Universidade Federal do Acre)

Mauricilia Pereira da Silva

Integrante da equipe de Educação do CTA de 1992 a 1997, foi a primeira coordenadora do projeto. Atualmente faz parte da diretoria do CTA e trabalha na área de Comunicação da Embrapa Acre. Graduada em Letras (Ufac), pós-graduada em Língua Portuguesa (Ufac) e em Produção de Material Didático para Educação, pelo Crefal (Centro de Cooperación Regional para la Educación de Adultos en América Latina y el Caribe), no México

Mala de Leitura:

lendo e recriando histórias na floresta

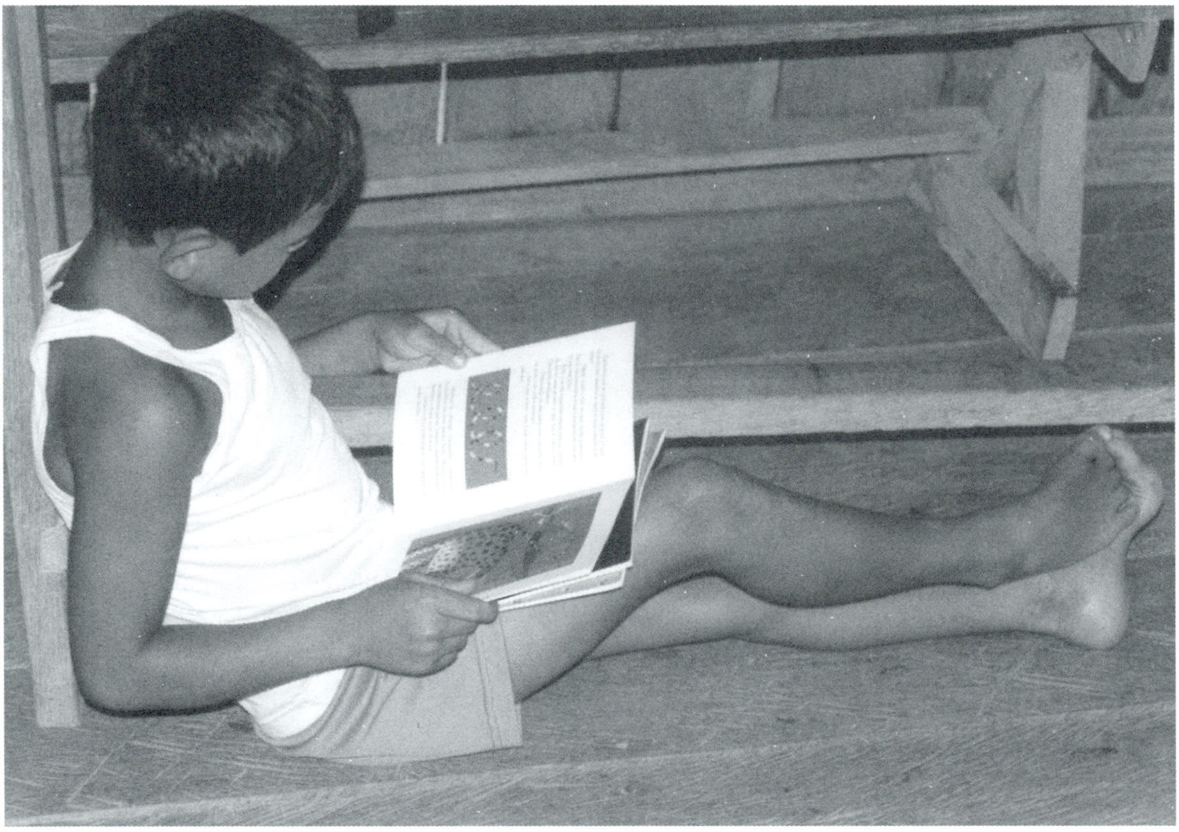

CTA

O Projeto Mala de Leitura é uma realização do CTA (Centro de Trabalhadores da Amazônia), uma organização não-governamental, sem fins lucrativos, que há 19 anos atua nas áreas de saúde, educação, manejo e uso sustentável dos recursos naturais renováveis pelas comunidades residentes em Unidades de Conservação do Vale dos Rios Acre e Purus. Desde 1994, o Mala de Leitura foi introduzido nas escolas do Projeto Seringueiro, proposta pedagógica voltada para a realidade dos seringueiros e desenvolvida há 21 anos. O Projeto Seringueiro deu origem ao CTA e hoje é promovido pelo setor de educação da entidade.

O objetivo do Projeto Mala de Leitura é ampliar o universo cultural e lingüístico de comunidades que vivem isoladas no interior da floresta por meio da literatura infantil e juvenil, brasileira e universal, disseminando a leitura de textos literários, de modo que se vislumbre um leque de possibilidades de leituras, interpretações e associações com a realidade dos leitores. Consiste num rodízio de malas com, no mínimo trinta, livros de literatura infantil e juvenil, um gravador, fitas cassete com a gravação de histórias dos livros, pilhas (as escolas ficam em locais onde não há energia elétrica), espelhos, lápis de cor e papel sulfite. A mala contém livros de autores de repercussão nacional – Sylvia Orthof, Ana Maria Machado, Lígia Bojunga, Márcia Kupstas, Ricardo Azevedo, Ziraldo, Bartolomeu de Queirós – e internacional – Hans Christian Andersen, Jen Green, Antony Mason, entre outros.

As malas vão para escolas em que o professor já tenha participado de oficinas e cursos sob a orientação pedagógica do Projeto Seringueiro, a fim de prepará-los para realizar atividades com esse material, dentro e fora da sala de aula. Uma vez na escola, a mala fica à disposição de toda a comunidade do seu entorno, que pode manusear e ler os livros em casa e na própria unidade escolar. Em sala de aula, o professor desenvolve um trabalho dirigido de leitura, interpretação, compreensão, dramatização, produção de textos e confecção de livros.

Já integrada ao projeto político-pedagógico das escolas, a Mala de Leitura se estende, no momento, a 13 escolas atendidas pelo Projeto Seringueiro, onde estão envolvidas diretamente cerca de 400 pessoas, a maioria, crianças. Potencialmente, incluindo os familiares dos alunos, atingimos em torno de 2 mil pessoas, ressaltando que a densidade demográfica na floresta varia de 0,2 a 2 habitantes por quilômetro quadrado.

O trabalho com a Mala de Leitura é desenvolvido, no Estado do Acre, na Reserva Extrativista Chico Mendes e nos PAEs (Projetos de Assentamento Extrativista) de Cachoeira, em Xapuri, Porto Dias, em Acrelândia, e São Luiz do Remanso, em Capixaba.

O contexto fora da Mala

O acesso às comunidades escolares acontece por meio de varadouros, ramais e rios. Os varadouros são caminhos que interligam as colocações entre si, às rodovias e aos rios. São caminhos relativamente estreitos, íngremes ou planos, enxutos ou alagados, com a presença de muitos igarapés, mais estreitos ou mais largos, dependendo da estação, cuja travessia é feita sobre pinguelas, que são pontes feitas de troncos finos. Por esses varadouros vão e vêm – a pé ou em lombo de animais – as pessoas, a produção dos extrativistas e as mercadorias adquiridas na cidade. A qualquer momento também podem atravessar os demais habitantes da floresta: cobras, bandos de queixada, onças, tamanduás, veados, etc. Esses varadouros são feitos pelos próprios moradores, com facão e machado.

CTA

Na época das cheias, há belezas e encantos, mas também perigos, como o confronto com animais ou o naufrágio das embarcações. Já na época da seca, quando se tornam mais estreitos e raros, os perigos ficam por conta da formação de corredeiras, que muitas vezes obrigamos transeuntes a desembarcar a carga toda e arrastar a canoa usando cordas. Há também o risco de, ao necessitar desembarcar no leito do rio, ferir-se com o esporão de uma arraia, muito doloroso, além da presença de muitos troncos e galhadas fincados no seu leito, que dificultam a passagem, etc. Quanto aos ramais, caminhos abertos por tratores, que ligam as rodovias às comunidades na estação seca, a dificuldade é a intensidade do sol. Na estação chuvosa, o problema são os atoleiros, que impossibilitam o acesso de automóveis. A distância entre a sede, na cidade de Xapuri, e essas comunidades varia de 2 a 22 horas de percurso, que podem ser feitas parcialmente de motos, caminhonetes, canoas ou a pé, que é a melhor opção. Nesse contexto que desenvolvemos o Projeto Mala de Leitura.

No trabalho de leitura conduzido em sala de aula, entre outros encaminhamentos, o professor orienta os alunos para que, após a leitura de contos e fábulas, inventem um outro final. Com essa atividade, percebemos a ressignificação das histórias lidas no quadro local de referências socioculturais dos nossos leitores – a floresta.

Trabalhamos a leitura contextualizando as histórias e seus personagens. Procuramos situar os alunos no tempo e no espaço, levando-os a entender que a literatura exerce uma função social: ligar pessoas de diferentes tempos, lugares, culturas e mundos por meio do livro, da leitura. Em uma das atividades, depois da leitura da fábula "A formiguinha e o floco de neve", em que a formiguinha prende o pé na neve e recorre ao Sol, ao muro, ao homem e a Deus, que a ajuda, o professor pediu aos alunos que inventassem um outro final para a história da formiguinha. Um aluno, então, escreveu: "Aí, Deus pegou a formiguinha e troceu, troceu e rebolou no mato".

A princípio, tal fato nos deixou surpresos: "Puxa, que criança perversa!". No entanto, durante a caminhada, refletindo sobre a situação, atentamos para o fato de que a formiga, no seringal, é praga que destrói plantações. Então, entendemos a atitude do menino.

É importante observar que o fundamento moral das fábulas está relacionado a um determinado quadro de referências socioculturais. A atividade relatada anteriormente possibilitou que todos nós repensássemos sobre os conceitos culturais de cada região. Isso nos alerta para o perigo da reprodução de padrões exóticos que nos são impostos, marginalizando, assim, os que não conseguem se encaixar nesses padrões.

Em outras palavras, é preciso que nos prepararemos para lidar com as diferenças. O Projeto Seringueiro, como também o Mala de Leitura, tem essa preocupação: trabalhar as diferenças, uma vez que atuamos em áreas isoladas geograficamente, onde as informações só chegam pelo rádio de pilha, porque não há energia elétrica.

Resultados

Para avaliarmos a evolução desse trabalho, procuramos observar, no cotidiano da escola, as atitudes das crianças com relação à leitura (estímulo para a leitura, o fato de os alunos estarem lendo e escrevendo melhor, etc.). Como disse um dos professores, "ele (o aluno) não pega mais num lápis como quem pega no cabo duma enxada, conforme acontecia no tempo em que começou o Projeto. Agora o lápis corre no papel com leveza".

Além disso, temos a preocupação de avaliar o trabalho como um todo: nós, como mentores e executores do projeto, os alunos, os professores, as ações, as estratégias e a qualidade do material, enfim, todos os elementos que compõem o Projeto. Ao longo dessa avaliação, é necessária a permanente revisão de conceitos e valores socioculturais e ambientais das pessoas que participam deste trabalho. Ou seja, é preciso constantemente confrontar essas referências com as nossas e com as dos livros.

Embora o Projeto Mala de Leitura seja um processo lento, já é possível verificar os resultados de nosso trabalho. Ficamos felizes em ver jovens e adultos, e principalmente crianças, lendo e divulgando textos literários. Assim, as crianças que ainda não lêem ouvem, recontam e reinventam as histórias. O mais interessante é que as crianças, além de lerem os livros, falam das histórias lidas com prazer, despertando a curiosidade das outras crianças, que buscam aqueles livros para satisfazer também a sua curiosidade, formando uma corrente de leitores.

"Ah, esses livrinhos de histórias são interessantes. A gente tá lendo é bom porque a gente fica lendo melhor e aprende a escrever muitas palavras que a gente não sabia e ainda aprende um bocado de histórinhas engraçadas.A gente lê e copia, que ainda aprende mais e de todo jeito é bom. A professora diz pra gente levar para casa, só que não é pra ficar".
André da Cunha, 9 anos, colocação Terra Alta, seringal Filipinas

Os leitores da Mala já produziram, nas escolas, livros artesanais adaptando algumas histórias à sua realidade; criaram novas histórias e escreveram aquelas já conhecidas em formato de livro, inclusive com ilustrações. Desses livros, três foram editados e inseridos no acervo da Mala, em 2002. Em decorrência disso, a produção de livrinhos deu um salto, porque todos querem ver sua produção na Mala, circulando por aí. Destes, já estão em fase de impressão mais seis livrinhos.

Esta é uma forma de resgatar a cultura, a auto-estima dessas pessoas que vivem isoladas das cidades, das oportunidades. Por meio do livro, da literatura, é possível mostrar a essas pessoas outros mundos, novas referências, tendo como pressuposto a leitura, um dos processos comunicativos que nos possibilita essa façanha. Viver na mata não significa estar enclausurado, mas, sim, ter outro ritmo de vida, outros modos de olhar para um livro, outras e novas leituras.

Tais resultados são percebidos quando fazemos a supervisão nas escolas e ouvimos os alunos falando sobre os livros que já leram, os autores de que mais gostaram. Os menos volumosos têm maior aceitação, observação considerada para a compra de novos acervos.

"Eu acho esses livros muito legal. Com eles a gente aprende muitas histórias, a leitura da gente melhora, a gente escreve melhor. Agora sendo só pra ler, é melhor em grupo, na escola ou quando a professora ler pra gente escutar. Mas pra aprender as histórias pra contar pros outros, é melhor ler em casa sozinha, lá ninguém faz bagunça e fica mais fácil aprender. A gente aprende a ler melhor".
Luciano Teixeira, 12 anos, colocação Boca da Caatinga, PAE Cachoeira

De acordo com professores e alunos das escolas envolvidas, o acervo da Mala tem colaborado muito com o processo de ensino–aprendizagem. Segundo relatos dos professores, os alunos querem aprender a ler para fazerem, eles próprios, suas leituras, mostrando-se mais envolvidos com o aprendizado. Os resultados são surpreendentes: algumas crianças de 6 anos já sabem ler.

Na Escola Nova Esperança II, por exemplo, uma professora deixou seus alunos à vontade para escolher e ler o livro que quisessem. De repente, ela percebeu que eles estavam conversando sobre suas leituras e que procuravam os livros indicados pelos colegas. O mais interessante, segundo ela, é que as histórias chegaram às casas dos alunos, e os personagens passaram a fazer parte de seu cotidiano.

Ainda que sem um processo de avaliação sistemático do Projeto, sabemos que, nas escolas em que o Projeto Mala de Leitura é introduzido, o desempenho dos alunos melhora, assim como a atuação do professor.

Reconhecimento

Em 1999, o Projeto Mala de Leitura foi um dos vencedores do Prêmio Os Melhores Programas de Incentivo à Leitura para Crianças e Jovens de Todo o Brasil, promovido pela FNLIJ (Fundação Nacional do Livro Infantil e Juvenil). Como premiação, o Mala de Leitura recebeu 500 títulos de livros cedidos pela Fundação e outros 500 títulos doados por várias editoras. Com esse prêmio, o Projeto ganhou impulso, possibilitando ampliar o número de malas e enriquecer o acervo.

Indicado pela FNLIJ, o Projeto Mala de Leitura também ficou entre os finalistas do concurso internacional Ashay Shimbum Reading Promotional Award, promovido pela IBBY (International Board on Books for Young People), em 2001. Como desdobramento disso, em setembro de 2002, o Projeto participou do 28º congresso do IBBY, em Basel, na Suíça, relatando sua experiência.

Projeto Mala de Leitura

Realização: CTA (Centro dos Trabalhadores da Amazônia)

Contato: Maria do Socorro D'Ávila de Oliveira

Av. Epaminondas Jácome, 1.994

Cadeia Velha CEP 69908-420 Rio Branco-AC

Tels.: (68) 223-2727 / 3269 / 7179

E-mail: cta@cta-acre.org

Site: www.cta-acre.org

Cláudia Neiva de Matos

Doutora em Letras, professora aposentada pela Universidade Federal Fluminense e pesquisadora do CNPq (Conselho Nacional de Desenvolvimento Científico e Tecnológico). Suas atividades de pesquisa se concentram, há mais de vinte anos, no domínio das literaturas vocais, notadamente as poéticas de perfil popular e/ou étnico, e nas relações que a literatura escrita desenvolveu com esse repertório. Autora de diversos artigos e ensaios, publicou, entre outros, os livros *Acertei no milhar: samba e malandragem no tempo de Getúlio* (1982), *Gentis guerreiros: o indianismo de Gonçalves Dias* (1988), *A poesia popular na República das Letras: Sílvio Romero folclorista* (1994) e, como organizadora e co-organizadora, *Antologia da floresta: literatura selecionada e ilustrada pelos professores indígenas do Acre* (1997), *Poesia hoje* (1998) e *Ao encontro da palavra cantada: poesia, música e voz* (2001)

Leitura e literatura na formação do professor indígena

CPI/AC

Um dos setores mais delicados da educação diferenciada no Brasil, e também um dos que têm apresentado mais progressos qualitativos e quantitativos, é a educação escolar indígena. Diversas ONGs atuam neste campo há mais de duas décadas, ocupando um espaço político-pedagógico que antes era quase completamente dominado pelas instituições missionárias religiosas. A formação de professores indígenas para atuar em suas comunidades passou a receber maior atenção e amparo legal a partir da Constituição de 1988, que, a contrapelo da tradição integracionista, consagrou o direito dos índios à prática de suas formas culturais identitárias. Além disso, tiveram assegurados, no ensino fundamental, o uso das línguas maternas e o bilingüismo. Em 1991, por decreto presidencial, possibilitou-se a integração da escola indígena aos sistemas de ensino regular, sob responsabilidade do MEC e das secretarias municipais e estaduais de educação. Finalmente, pela Lei de Diretrizes e Bases da Educação Nacional, de 1996, objetivou-se que as escolas bilíngües e interculturais propiciassem aos povos indígenas a revitalização e/ou recuperação de seu patrimônio lingüístico e cultural, como também, o acesso aos saberes da sociedade nacional e de outras sociedades indígenas e não-indígenas.

Autoconhecimento e conhecimento do outro são as duas vertentes complementares dessa atuação pedagógica. Analogamente, os educadores não-indígenas envolvidos no processo vivenciam e elaboram, no contato com os índios, sua própria experiência de auto-identificação e de intercâmbio sociocultural. O processo educativo se constrói, assim, por meio de parcerias.

Neste quadro, o papel das ONGs e do Estado é principalmente contribuir na formação de professores indígenas que lecionam nas escolas das aldeias. Durante muitos anos, o atendimento visou sobretudo a docência em classes de alfabetização e no primeiro ciclo do ensino fundamental. Atualmente, a expansão e a continuidade dos programas de educação indígena incorporam-se à demanda por escolas que atendam ao segundo ciclo do ensino fundamental e ao ensino médio, colocando a necessidade de formar professores indígenas com nível de terceiro grau. Alguns projetos nesse sentido já estão em andamento, entre eles o terceiro grau indígena implementado no câmpus de Barra do Bugre pela Unemat (Universidade Estadual de Mato Grosso), em parceria com a Secretaria de Educação do Estado de Mato Grosso e a Funai (Fundação Nacional do Índio).

Participei como docente de dois projetos de educação indígena: o terceiro grau da Unemat, em 2002 e 2003; e o Curso de Formação de Professores Indígenas da Comissão Pró-Índio do Acre (CPI/AC), em seis etapas, de 1994 a 1998, com nível de segundo grau. Em ambos os programas, minha função foi planejar e oferecer a cadeira de Literatura.

A presença de uma disciplina dedicada aos usos poéticos da linguagem no currículo dos cursos de formação docente indígena ainda é rara. Na CPI/AC, a disciplina de Literatura constava como subárea de Língua Portuguesa. A Unemat integra as seções Línguas, Artes e Literatura. A conexão com Língua Portuguesa se apresenta de modo mais imediato, manifestando-se num dos principais objetivos dos estudos literários nesse contexto, para desenvolver a capacidade de leitura e escrita em português. É importante o vínculo com a cadeira de Artes, que compartilha com a de Literatura o trato de questões estéticas relativas à visão de mundo e sua representação. E também com as aulas de língua indígena, visto que, em ambas as disciplinas, se trata do patrimônio cultural identitário das comunidades: o empenho em preservar, valorizar, revitalizar e, muitas vezes, resgatar o idioma indígena, é indissociável da valorização dos acervos mnemônicos e dos processos criativos de sua literatura oral.

Quase a totalidade dos indivíduos que freqüentaram os referidos cursos já atuava como professores nas escolas de suas aldeias. Os grupos eram muito diversificados, sobretudo no domínio da Língua Portuguesa. A maioria do professorado indígena é bilíngüe. Mas há etnias cuja língua original já se perdeu ou está em franco declínio, casos em que o português é a primeira língua. E também há indivíduos com muita dificuldade para compreender e expressar-se em português como segunda língua.

Sendo a formação docente o principal objetivo dos cursos, o estudo da literatura e o desenvolvimento da aptidão à leitura e à escrita, que lhe é associado, devem encaminhar uma dupla finalidade: servir à capacitação pedagógica do indivíduo e, também, promover atividades de pesquisa realizadas pelos próprios professores. A auto-etnografia, a investigação e a documentação, por parte dos próprios indígenas, de sua história, sua ciência e sua cultura constitui hoje um domínio muito rico e inovador de atividade intelectual, com relevantes implicações políticas e sociais.

Aos professores indígenas cabe o papel de "intelectuais orgânicos" em suas comunidades. Seu trabalho de registrar o saber e a arte verbal indígenas é essencial, contribuindo para edificar, com apoio das ONGs e de outros organismos, um acervo bibliográfico significativo, boa parte dele nas línguas nativas. A existência desses impressos, cujo conteúdo é produzido pelos próprios índios, ao lado dos livros que portam a cultura e a literatura dos "brancos", é fundamental para apoiar e enriquecer o desenvolvimento da leitura entre eles.

Todavia, é preciso cuidado, principalmente no caso da educação indígena, para não fazer do estímulo à leitura uma premissa de valor absoluto. A literatura como "valor" é uma construção cultural do Ocidente cristão, e, sob risco de incorrer em etnocentrismo e esvaziamento da cultura identitária indígena, esse valor não lhe pode ser imposto. Ou seja, não se deve "naturalizar" o valor da literatura, da leitura em geral e de todo o acervo de idéias e textos que lhe correspondem. Como ocorre com todos os outros conteúdos trabalhados nas escolas indígenas, convém repensar, nesse contexto específico e com atenção para as necessidades e as aspirações do público-alvo, o sentido e os caminhos do acesso ao mundo dos livros. Escrita e leitura servirão como pontes para vencer distâncias geográficas e temporais em benefício da construção e da afirmação de identidades culturais. A utilidade, a conveniência e o prazer de ler devem ser repensados com base nesse diálogo intercultural.

É o caso, então, de se recolocar a questão: "Para que ler?" – além de "O que ler?" e "Como ler?". Evidentemente, a prioridade do estudo literário nesse contexto não consiste em levar os índios a apreciarem Machado de Assis ou Carlos Drummond de Andrade. Entretanto, ele oferece um diferencial em relação ao trabalho com textos realizado, por exemplo, nas aulas de Língua Portuguesa. Critérios e objetivos funcionais, pragmáticos e informativos na atividade leitora cedem aqui primazia a efeitos emocionais, estéticos, lúdicos, associando um suplemento de *prazer* a essa atividade. Ainda é cedo e escassa a experiência com aulas de Literatura na formação docente indígena, de modo que não podemos apresentar uma exposição "conclusiva" sobre a sua função no incremento da leitura entre os professores e seus alunos índios. Mas alguns tópicos e questões axiais podem ser apontados e em parte discutidos.

Oralidade e escrita

O primeiro cuidado é para que o advento da escrita e da leitura, a par de todas as transformações que acarreta no quadro psicossocial de indivíduos e comunidades, não tenha um efeito imediatamente predatório sobre a experiência poética desses povos de tradição oral e ágrafa. Os repertórios e as práticas da "literatura oral" – termo inadequado, a que preferimos "artes verbais"[1] – têm um inestimável valor estético e cultural, tanto para os povos que os engendraram quanto para qualquer indivíduo ou cultura sensível às riquezas da comunicação poética. Ao reservar um espaço às atividades de tipo "literárias", o currículo da formação docente indígena tem de priorizar o trato desses materiais endógenos, evitando a postura "museológica", vício renitente de abordagem desde os folcloristas do século XIX. Não se trata de preservar cantos e narrativas de transmissão oral contra a ação do tempo e da história, como relíquias do passado ou exemplares raros de uma espécie em extinção. Trata-se, sim, de viabilizar a convivência ou a integração entre as habilidades e os sentidos das artes verbais tradicionais e o sistema lingüístico e comunicativo em vias de reformatação pela aquisição da escrita e de todo um universo de informação que lhe é vinculado. Leitura e escrita funcionarão, portanto, não em contraposição ou substituição às formas de comunicação originais nativas, mas na sua manutenção e na revitalização, como indica o professor Joaquim Maná Kaxinawá[2]:

1 O termo "literatura", difundido a partir do século XVII, associa-se historicamente, tanto por seu uso como pela sua etimologia (do latim *littera*, "letra"), à produção textual escrita. O termo "artes verbais", difundido por alguns setores da moderna Antropologia, é mais abrangente, acolhendo uma diversidade de manifestações discursivas orais.

2 Joaquim Maná Kaxinawá falou no Encontro Internacional de Etnomusicologia. Belo Horizonte (MG), outubro de 2000.

"Durante esses anos em que a gente vem trabalhando como professor, foi a única maneira que a gente viu de a gente manter a nossa língua, cultura, foi usando também esse conhecimento que a gente está adquirindo que é a escrita e a leitura. A leitura não é simplesmente a gente aprender a ler e escrever o que está no papel, mas você trazer as suas informações, aproveitando o espaço que a gente está tendo, que é a sala de aula, aproveitando os velhos, as velhas e tentando fazer isso num livro. Futuramente, os novos vão querer aprender. E eles vão pesquisar melhor, porque vão ter mais futuro do que os que estão começando, né? O índio não está se acabando. Está é crescendo. Está se fortalecendo. E a gente tem um aparelho muito bom que é a escrita. Talvez muitas pessoas vão dizer: 'Ah, quando começar a escrever vai se acabar'. Eu acho que nunca vai se acabar. A não ser que o povo decida que vai se acabar. Se quando era oral não se acabou, imagine quando é escrito!".

As textualidades provenientes da transmissão oral devem ocupar lugar de destaque no repertório de trabalho, quer na sua forma original vocalizada, quer mediante a transcrição de textos coletados fonograficamente ou a reconstrução por escrito de conteúdos da tradição oral; como matéria de prazer e de reflexão crítica; na sua especificidade e nas articulações estabelecidas com outras tradições discursivas, orais e escritas. O trabalho de registro fonográfico levado a cabo pelos próprios indígenas, no quadro da auto-etnografia a que já me referi, apresenta-se como atividade essencialmente ligada à formação docente[3], fundamental para ajudar a construir uma "biblioteca" indígena consistente em relação à sua cultura identitária.

Outros nexos entre oralidade e escrita podem ser estabelecidos no próprio espaço pedagógico por meio de práticas como leitura em voz alta, expressão vocal (falada, entoada, cantada), (re)criação oral e dramatização de textos, atividades que costumam ser muito bem recebidas e executadas em classes indígenas.

Autoria e bilingüismo

O projeto educacional da CPI/AC é denominado Uma Experiência de Autoria. *Lato sensu*, a idéia de autoria remete aqui para o princípio de que o indígena deve ser o verdadeiro protagonista do processo educativo escolar, em suas instâncias de elaboração e decisão. *Stricto sensu*, remete para uma das atuações mais marcantes e bem-sucedidas dessa ONG e de outras congêneres, que é a produção intensiva e diversificada de materiais didáticos e paradidáticos pelos próprios índios. Além das edições em português, multiplicam-se as publicações nas línguas nativas: de cartilhas de alfabetização a livros de leitura de todo tipo, passando por materiais voltados para História, Ciências, etc. Parte importante desse acervo é constituída por coletâneas de narrativas e, com menor freqüência, cantos. Alguns desses livros ultrapassam os limites do mercado educacional indígena, integrando a biblioteca da sociedade nacional. Exemplo notório é o *Shenipabu Miyui: histórias dos antigos*, publicação bilíngüe de narrativas Kaxinawá, coletadas e organizadas pelos próprios índios, publicada originalmente em 1991 pela CPI/AC e reeditada em 2000 pela Universidade Federal de Minas Gerais, para cujo vestibular foi exigida como leitura obrigatória.

Ao lado das textualidades provenientes de registro, ganha cada vez maior vulto a produção escrita de textos – depoimento, reflexão, ficção, poesia – por autores indígenas, seja fruto de criação individual ou resultado de elaboração coletiva e redação conjunta. A maioria apresenta notável interesse poético e/ou informativo também para a sociedade não-indígena. A transformação do índio em leitor passa pela sua transformação em escritor, no idioma nativo ou em português. E a experiência de leitura, por sua vez, contribui para enriquecer a biblioteca indígena. É o caso de uma coletânea de textos indígenas e não-indígenas destinada à leitura dentro e fora das escolas nas aldeias, cujo conteúdo foi escolhido pelos professores da CPI/AC a partir da leitura e da discussão de um grande número de textos: *Antologia da floresta: literatura selecionada e ilustrada pelos professores indígenas do Acre*[4].

O que ler?

Desde os primórdios da reflexão sobre a natureza da poesia na cultura ocidental, coloca-se a questão de sua dupla função, ou do critério duplo para avaliá-la. A poesia é *doce* e *útil*, proporcionando prazer e instrução ao espírito. No caso da educação indígena, esses fatores têm de ser pensados em relação às necessidades e aos gostos específicos dos índios, sempre tomando em consideração os usos práticos, estéticos, espirituais e políticos que os povos indígenas fazem de suas próprias artes verbais. O hábito da leitura não pode ser um fator destrutivo, uma fratura em relação à cultura identitária, uma prática desagregadora da comunidade ou "destribalizante", utilizando o termo de McLuhan.

3
O Referencial Curricular Nacional para as Escolas Indígenas (Brasília: MEC/SEF, 1998) prevê a formação de professores pesquisadores por meio do estudo dirigido como atividade agregada, desde o início, a cada área de estudo, com autonomização progressiva nos anos posteriores: "Na preparação para o 'Estudo independente', o caminho já estará iniciado para a formação do professor pesquisador. Como já foi apontado neste documento, a visão que aqui se adota é aquela de que se faz pesquisa e se elabora reflexão crítica tanto na tradição oral quanto na tradição escrita. Nessa visão, a tradução escolar da ciência não se restringe à transmissão e à produção de conhecimentos do mundo ocidental, mas abarca as formas de conhecimento das culturas indígenas, e também de outras culturas, em toda a sua multiplicidade e pluralidade".

4
Cláudia N. de Matos (org.). Rio de Janeiro: Multiletra, 1997.

Na organização das aulas, a questão mais crucial sempre foi: Que textos oferecer? Um primeiro acervo já foi indicado anteriormente: textos de matriz indígena oral e escrita, de autoria individual ou anônima/coletiva. É necessário dar acesso a outros universos culturais. Um bom indicativo é começar por textualidades de outros contextos, mas também relacionadas à oralidade: mitologia, folclore, canção, etc.

Para situar a questão indígena brasileira e suas artes verbais no âmbito mais amplo de outras populações autóctones historicamente atingidas e ameaçadas pela expansão colonizadora européia, é importante ler materiais de outras literaturas indígenas das Américas (e também da África, da Ásia, etc.), frutos de coleta ou produzidos diretamente por escrito, o que normalmente demanda um trabalho prévio de tradução, visto que quase tudo se encontra publicado em inglês ou espanhol. Nos cursos da Unemat, trabalhamos com textos de índios norte-americanos, incas e astecas de diversos momentos históricos, até mesmo documentos recuperados do período anterior à chegada dos brancos. Material especialmente bem recebido pelos professores indígenas.

Outro acervo que costuma despertar interesse são os textos indianistas da literatura "branca", que oferecem ao indígena um falso "espelho", onde sua imagem aparece positiva ou negativamente deformada, refletindo os ideais e os preconceitos do próprio branco. Quando organizamos a *Antologia da floresta*, trechos de *Iracema* (José de Alencar), *Macunaíma* (Mário de Andrade) e a poesia indianista de Gonçalves Dias receberam muitas indicações para a seleção.

Indicações para as políticas públicas

Finalmente, com base nas observações apresentadas, podemos discernir três linhas possíveis de atuação governamental imediatamente úteis para viabilizar e estimular a leitura entre os índios, a partir dos princípios e das práticas que caracterizam a educação escolar diferenciada e bilíngüe:

- Apoiar o trabalho de registro auto-etnográfico, estimulando, equipando tecnicamente e implementando projetos de pesquisa das textualidades de tradição oral realizados pelos próprios agentes indígenas;

- Apoiar a edição de materiais textuais de autoria indígena, tanto os derivados da tradição oral quanto os resultantes de produção individual escrita, com especial atenção para os repertórios em línguas nativas;

- Combater o velho problema da carência de material de leitura nas aldeias (que também afeta a imensa maioria das populações fora dos grandes centros urbanos), por meio da constituição de acervos adequados à especificidade do público. Além das indicações sugeridas anteriormente, é importante dar início a sistemas de consulta às comunidades e aos professores indígenas para planejar adequadamente o conteúdo prioritário desses acervos. As bibliotecas móveis, as malas de leitura e as iniciativas similares constituem uma forma barata e eficaz de implementar esse objetivo, e seu funcionamento pode ser articulado com o trabalho realizado em cada comunidade pelas diferentes organizações envolvidas com a educação indígena.

Comissão Pró-Índio do Acre
Rua Pernambuco, 1.025
CEP 69907-580 Rio Branco-AC
Tels.: (68) 224-9030 e 224-1426
E-mail: cpiacre@cpiacre.org.br

Unemat (Universidade do Estado de Mato Grosso)
Av. Tancredo Neves, 1.090 – Cavalhada 2
CEP 78200-000 Cáceres-MT
E-mail: webmaster@unemat.br
Site: www.unemat.br

pontos

e nós

A paulistana Marisa Lajolo é formada em Letras pela Universidade de São Paulo, onde também fez mestrado e doutorado. Tem pós-doutorado pela Brown University, em Providence (Estados Unidos) e atualmente é professora titular no Departamento de Teoria Literária da Unicamp (Universidade Estadual de Campinas). Referência obrigatória na área de leitura e literatura, sua extensa obra investiga aspectos sociais, políticos e econômicos da formação da leitura no Brasil. Em 2002, estreou na ficção, lançando, pela Editora Ática, *Destino em aberto*.

A leitura como moeda de trânsito social

Entrevista com Marisa Lajolo

Por Iracema Nascimento

Na entrevista a **Em Questão**, Marisa discorre sobre suas atuais pesquisas que procuram resgatar histórias de leituras de professores. A idéia é de que, ao identificar o modelo pelo qual o professor ou a professora aprendeu a gostar de ler, talvez fique mais fácil para eles ensinar seus alunos a ler e a tomar gosto pela leitura.

Ao analisar a relação entre leitura e alfabetização inicial, Marisa não toma partido por este ou aquele método de alfabetização; para ela, um método é bom se consegue capacitar as pessoas para uma leitura fluente. Chama a atenção para o poder simbólico e o capital cultural existentes por trás de classificações do tipo "clássicos de literatura" e, ao mesmo tempo, alerta para o equívoco que tem se propagado em nossa sociedade por meio de idéias como "ler é uma gostosa brincadeira". Segundo ela, não é fácil nem simples ensinar e aprender a ler.

Considera heróis os professores e as professoras deste Brasil, que, atravessando a história de um sistema educacional precário e de modismos epistemológicos e metodológicos de vida curta, fazem o melhor que podem no cotidiano da escola. Inspirada em experiências práticas, aponta alguns caminhos possíveis para a elaboração de políticas de leitura no Brasil, desde a formação de professores à relação do Estado com a indústria editorial, da qual cobra muito mais responsabilidade social.

Em Questão – Em seu livro *Do mundo da leitura para a leitura do mundo* (São Paulo, Ática, 1999), você fala do "desencontro entre literatura, jovens e professores dentro da escola". Desde a primeira edição, em 1993, até hoje, são dez anos. De lá para cá, houve alguma mudança nessa situação?

Marisa – Hoje, dispomos de dados muito mais objetivos, rigorosos e minuciosos. Porém, não sei se essas pesquisas mais sofisticadas mostram resultados muito diferentes do que mostravam outras pesquisas mais toscas do começo dos anos 1990. Eu acho que continua a existir um desencontro entre literatura, professor, jovem e escola. Mas, de lá para cá, mudou o discurso do professor, porque parece que seu discurso encontrou eco: vários pesquisadores universitários e diversas recomendações legais sugerem que o texto literário não é o mais adequado para a escola, que os livros recomendados são geralmente chatos, etc. Hoje, muitas pesquisas legitimam a sensação de impropriedade dos professores em relação à bibliografia com a qual eles têm de lidar.

Houve um enorme desenvolvimento da literatura infantil, juvenil e de outros tipos de livros que pretendem ocupar o vácuo dos clássicos que iam para a escola, e também houve muitas campanhas de leitura, com as quais os professores aprenderam a lidar com livros em sala de aula. Hoje, a escola se sente autorizada a não trabalhar com clássicos; ela dispõe de mais opções para escolher os títulos de seu interesse, e o professor está mais preparado para trabalhar com leitura em sala de aula.

Em Questão – A mudança nos textos oferecidos aos alunos, de clássicos para aqueles mais contemporâneos, de uso mais cotidiano, faz com que os estudantes tenham um interesse maior pelas aulas de Língua Portuguesa ou que aprendam a ler efetivamente?

Marisa – Aí eu não sei. Creio que não há pesquisa que possa responder a isso com maior rigor. Aliás, um dos grandes desafios dos pesquisadores de leitura, particularmente daqueles que pesquisam em nome de mudar uma prática de leitura no País, é a falta de um instrumento de avaliação da eficácia das políticas de leitura. Como é que se mede uma atitude? Essa pergunta por enquanto, não tem resposta. Melhor dizendo, eu não conheço resposta para ela. Os projetos que tentam fazer uma avaliação normalmente alcançam resultados muito amadores. São depoimentos dos "alvos" do projeto, que, quando solicitados, relatam o que vivenciaram; falam, por exemplo, "do que mudou minha vida", "que meus alunos agora têm olhos que brilham quando vêem um livro", esse tipo de coisa. Nesse contexto, os projetos de leitura correm o risco de se tornarem uma espécie de fundamentalismo. Em nome do bem, da cidadania e da capacidade crítica, o rótulo muda, mas a atitude próxima do fundamentalismo permanece.

De outro modo, a grande quantidade de livros que hoje circula pela escola traz a vantagem da diversidade. Tendo acesso a um acervo maior de livros, há grandes chances de que as crianças descubram seus livros preferidos ou o tipo de leitura que são capazes de fazer. Nesse sentido, acredito que as políticas de incentivo à leitura e de maior oferta de acervo às crianças das escolas públicas são medidas decisivas em prol de práticas de leitura mais variadas, mais competentes.

Em Questão – Nesse processo de mudança, houve também um esforço pela formação dos professores para trabalhar com leitura?

Marisa – Eu penso que sim. Sempre acho que o professor é o herói da história nesse país, por mais que os pesquisadores, até mesmo eu, em vários momentos, acabem tropeçando na incapacidade, na incompetência ou na falta de formação do professor. Mas nem incapacidade nem incompetência são culpa dele. Ele não sabe porque nunca foi ensinado, não porque não queira aprender ou não queira fazer o melhor possível para seus alunos. O professor não pode ser considerado – e efetivamente não é – o vilão de toda essa história, o responsável pelos resultados de uma educação que só começou a melhorar institucionalmente há pouco tempo. Considero que, nos últimos dez anos, houve um grande esforço de formação em serviço do educador. Surgiram muitas publicações relativas à leitura, difundiram-se propostas para trabalhar livros em sala de aula. A partir dos anos 1990, não faltam cursos, minicursos, congressos, eventos. A leitura entrou definitivamente no mapa das questões educacionais. Todas as instâncias governamentais, do município ao governo central, se preocuparam e produziram leis, campanhas ou políticas que melhoraram um pouco essa situação.

Em Questão – Como é que o processo de alfabetização influencia a atitude de leitura de uma criança, de uma pessoa?

Os métodos de alfabetização determinam a atitude de leitura das pessoas?

Marisa – Não tenho a mínima idéia. Não sei se um método de alfabetização é melhor que o outro, mas sei que existe uma grande polêmica em torno disso. Tem uma música que fala que "qualquer maneira de amor vale a pena" (risos); ela me ajuda a responder a essa questão: acho que qualquer método que torne as pessoas capazes de ler com fluência é bom. O professor precisa ser um bom leitor, até mesmo no sentido de desempenho de cena; ele precisa ser capaz de pegar um livro, abrir e ler de improviso, ler de forma que quem o ouve consiga acompanhar aquilo que está sendo lido. Ser bom leitor implica saber manter o ritmo, administrar o fôlego. Tanto é preciso saber ler com entonação correta passagens que denotam espanto ou medo quanto é preciso saber quando respirar.

A qualidade da leitura em voz alta que o professor proporciona à sua classe pode ser decisiva para o aluno gostar ou não de ler. Se o aluno mal consegue entender o que o professor está lendo em voz alta, o texto lido perde o encanto. A performance da leitura oral é, muitas vezes, a primeira forma de o aluno ter contato com o texto de literatura, e, portanto, essa performance deve ser bem-feita.

Participei da elaboração de um guia do MEC, (Guia do Programa Nacional Biblioteca da Escola, que acompanha o acervo PNBE 1999), no qual dedico longas páginas a sugestões práticas de como o professor pode preparar um projeto para desenvolver a leitura em sua classe. Penso que é preciso voltar a certos aspectos básicos da leitura que estão sendo esquecidos, como ler bem em voz alta, treinar entonação, expressividade e ritmo de leitura. No que respeita à polêmica de métodos, tenho a impressão de que os professores absorvem as nomenclaturas usadas na universidade, mas acabam perdendo o significado que eventualmente tais polêmicas têm no mundo acadêmico. Tenho certeza de que há muito professor discutindo construtivismo, mas sendo incapaz de ler fluentemente um parágrafo...

Em Questão – A discussão se dá no plano teórico ou conceitual, mas não se traduz em práticas no trabalho cotidiano do professor...

Marisa – Exatamente. Quando autenticamente desenvolvido, o plano conceitual fecunda a prática. Sempre. Reconheço, no entanto, que houve uma sofisticação do olhar com o qual encaramos as questões de educação, de leitura e de alfabetização, mas essa sofisticação do olhar não parece ter sido suficiente para gerar práticas mais satisfatórias; não existem formas práticas e imediatas que permitam dizer *como se faz*, o "velho *know-how*". A universidade critica o modelo pelo qual o professor foi educado ou alfabetizado mas não apresenta substitutos convincentes. É algo perverso, porque tira a rede debaixo do trapézio do professor e não põe outra coisa, mas ele continua precisando dar o salto. Atualmente, tenho trabalhado com a noção da história de leitura do professor. Nos textos que escrevo e nos cursos em que atuo, tento fazer o professor recordar como é que ele foi iniciado na leitura, porque acredito que aquele é o único modelo que ele tem.

Em Questão – E o que esse seu trabalho recente tem revelado?

Marisa – Do que tenho pesquisado atualmente, em todos os depoimentos de leitores ou de escritores, é possível perceber a importância da mediação de um adulto. Ninguém aprende a ler sozinho, e é importante observar como essa necessidade da mediação se manifesta na vida de cada pessoa. Nas classes populares, a mediação é feita pela escola ou pela igreja, enquanto nas classes média e alta é feita pela família. Outro aspecto interessante da pesquisa é que as *histórias canônicas* de leitores e de leituras falam sempre das classes média e alta, e, assim, ficamos com a idéia de que quem não nasceu entre os livros não tem jeito... Isso porque não se conhecem (ou porque não se registram) histórias de outros segmentos sociais. Como, por exemplo, a história que ouvi de uma professora da periferia de São Paulo. Ela conta que todo dia de manhã o pai reunia a família e lia a Bíblia, dizendo que aquele livro era importante "para ajudar a viver melhor". O pai morreu, e ela queria ler aquele livro que "ajudava a viver melhor". Começou a ler, mas não entendia nada. Quase desistiu. Então uma vizinha sugeriu que ela lesse os provérbios, que são mais fáceis. Depois, recomendou que ela lesse o evangelho, porque é uma história bonita. E ela termina o depoimento dizendo que aprendeu a ler com o pai e com a Bíblia. Essa é uma história que jamais chega à grande imprensa, que geralmente conta como Carlos Drummond de Andrade ou Manuel Bandeira, enfim, como os grandes nomes entraram em contato com a leitura. Mas a história dessa professora é, provavelmente, muito mais verossímil e mais próxima da história de leitura dos professores que a história de grandes poetas que tinham, na infância, pais atentos, com tempo disponível para os filhos e leitores assíduos de jornais, livros e revistas.

Tenho trabalhado no resgate das histórias de leitura para entender como se dão essas leituras alternativas. A grande maioria dos professores da escola pública tem uma origem familiar que os distancia do mundo da leitura e da escrita. E, a meu ver, é contraproducente criar nesse professor a frustração da história que ele não teve. Creio que, de maneira diferente, temos de mostrar que ele pode partir de sua experiência de leitura para trabalhar com os alunos. Gosto de pensar que essa proposta é um desdobramento da teoria de Paulo Freire, que nos ensinou que precisamos partir do universo vocabular do aluno para alfabetizá-lo. Não seria o caso de partirmos do universo de leitura do professor para familiarizá-lo com o vasto mundo dos livros?

Em Questão – A partir de sua experiência, esse professor chega a alcançar um patamar de leitura do que é definido como clássico?

E é desejável que ele alcance esse patamar?

Marisa – Acredito que sim para as duas questões. Hoje temos um movimento curioso no que respeita às recomendações de leitura. Por um lado, os clássicos continuam os clássicos, e os vestibulares das universidades estão aí para confirmar isso. Por outro lado, existem estudos de teoria literária sugerindo que o estabelecimento de certas obras como clássicas e de outras como não-clássicas é uma questão de poder que pouco tem a ver com critérios estéticos, ou então que chamamos de *estéticos* critérios, que envolvem questões de prestígio social, de capital cultural, de poder simbólico... Talvez, assim, uma definição de *clássico* seja que *clássico* é o livro que precisa de intermediários; *clássico* não é um livro que se leva para ler na praia; se um livro é um *clássico*, trata-se de um tipo de literatura não voltada para a massa. *Clássico* não é uma leitura para todo dia, é algo para se ler com a enciclopédia do lado. Já os livros que as pessoas levam para ler na praia ou lêem no metrô não são reconhecidos como desejáveis pela escola. Isso é um aspecto da leitura do qual eu não tinha me dado conta quando escrevi *Do mundo da leitura para a leitura do mundo*. Na época, eu tinha uma ingenuidade maior, acreditava no que considerava ser o poder libertador da literatura, acreditava na imanência da qualidade literária. Hoje, eu sou menos crédula, aposto menos nessa qualidade intrinsecamente libertadora da arte, da literatura.

Em Questão – De onde vem essa noção, que parece ainda hegemônica em nossa sociedade, da literatura como arte libertadora, como algo mágico?

Marisa – Em meu modo atual de ver, isso faz parte do aparato de dominação, pois a estética é talvez o último reduto no qual a dominação apaga as suas próprias pegadas. Tenho pensado sobre essa questão e não sei exatamente para onde vou daqui pra frente. A gente costuma dizer que as classes populares têm direito de ler James Joyce e Guimarães Rosa, mas poderíamos perguntar: por que as classes populares têm de ler James Joyce e Guimarães Rosa? Ler estes senhores é um direito ou um dever? Respondemos simploriamente a questão dizendo: porque tais autores são melhores que outros, por exemplo, melhores que Paulo Coelho ou Zíbia Gasparetto. Mas quem disse que eles são melhores? A crítica literária. E quem é a crítica literária? São pessoas que tiveram uma determinada formação, que vêm de uma determinada classe social e que têm por profissão discriminar o melhor do pior, o bom do mau.

Porém, hoje, correntes muito respeitáveis dos estudos da linguagem afirmam que não existe modalidade de língua melhor ou pior. A pessoa que não faz concordância verbal, que diz "nós foi" ou "nós vai", é capaz de explicar um pensamento com a mesma sofisticação de quem diz "nós vamos" ou "nós fomos". E se aplicarmos à literatura esse pressuposto da língua? Ou seja, não podemos postular que não há formas melhores ou piores de literatura, mas que há apenas formas *diferentes*, e cada uma delas é eficiente no meio pelo qual circula? Se pensarmos assim, vamos subverter toda a noção de clássicos de literatura. Atualmente, tendo a diminuir o valor ontológico e imanente da obra literária, da obra-prima, mas reconheço o valor político e simbólico de que ela desfruta. Penso que a escola precisa, de alguma maneira, oferecer ao aluno acesso a essa moeda de trânsito social – a literatura canônica –, mas sem fazer crer que a canonicidade (ou o valor estético, ou o valor literário) é imanente. Entendo que *reconhecer* ou *apreciar* o valor estético das obras-primas é sinal de distinção social, como o é utilizar corretamente as normas de concordância gramatical. É assim – como moeda de trânsito social – que todos precisam ter acesso aos instrumentos pelos quais se aprende a *reconhecer* e a eventualmente *apreciar* esse tipo de obra consagrada pela crítica, mas nada além disso, nada de universalidade, de imanência.

Em Questão – Se na escola já não há tanta exigência pela leitura dos clássicos, mas o vestibular continua impondo esse tipo de leitura, como resolver esse impasse?

Marisa – Acho muito divertido e perverso o mecanismo pelo qual as universidades definem os livros para o vestibular. Primeiramente, essa é uma forma de renda para alguns autores. Se um romance é adotado na lista do vestibular da Unicamp, que tem 80 mil candidatos, a chance de que 1% deles compre esse livro já esgota uma edição. De vez em quando, a universidade recebe cartas de autores, dizendo: "olha, minha obra é muito adequada para a faixa etária, etc. e tal". Houve uma ocasião em que um autor tentou processar a universidade, porque ela não tinha feito licitação para estabelecer as obras que cairiam no vestibular. Quando a literatura entra nessas malhas das instituições, os valores ditos estéticos desaparecem completamente, porque os valores econômicos acabam prevalecendo. Outro ponto é que as universidades, ou pelo menos a Unicamp, onde leciono, não tem a menor preocupação se o livro pode ou não agradar o jovem; sua preocupação é de que se aquele livro é ou não representativo de alguma quintessência do literário, seja o que for que se entenda por isso. O resultado é que às vezes entram na lista do vestibular livros absolutamente intragáveis. E não há quem possa dizer para a universidade que tal situação é um absurdo, porque ela legisla em causa própria.

Nesse sentido, há algumas experiências em vestibulares que tentam incorporar obras que não são canônicas. A Universidade Federal de Minas Gerais foi pioneira nisso, e houve um ano em que incluiu em sua lista *Quarto de despejo*, de Carolina Maria de Jesus[1], uma autora não-canônica. Carolina foi uma negra catadora de papel, pouco escolarizada, cujo livro – um *best seller* no começo dos anos 1960, e até hoje bem cotado no mercado internacional – comete várias infrações à norma culta. Isso gerou um sem fim-de cartas à UFMG, dizendo "se ela escreve mal, os alunos vão aprender a escrever mal". Ou seja, a mesma comunidade que quer desconstruir cânones, em ocasiões em que está em jogo o prestígio de sua imagem, não quer se contaminar daquilo que não é canônico. Acho que é preciso estudar um pouco mais a questão para tentar resolver esse nó.

Em Questão – No livro *Do mundo da leitura para a leitura do mundo*, você afirma: "faz tempo que não se sabe qual é a formação necessária ao professor de língua materna, porque também não se sabe qual é a função da escola no que se refere à competência lingüística que o aluno deve dominar ao abandonar os bancos escolares". Em dez anos, isso mudou?

É preciso de uma formação específica quanto à leitura para os professores de Língua Portuguesa, assim como se defende uma formação específica para os professores alfabetizadores?

Marisa – O que é essencial para um professor, sobretudo nas quatro primeiras séries do ensino fundamental, é que ele seja um indivíduo inscrito em diferentes formações culturais. Ele deve ser capaz de ler Paulo Coelho, Zíbia Gasparetto, entender uma notícia de jornal, uma receita culinária e compreender o romance *Iracema*. Ele precisa transitar por todas essas formações culturais, deve ser capaz de ler os clássicos, os contemporâneos e os marginais. Esse professor é, para o aluno, a primeira amostra da cultura brasileira, e, quanto mais plural for essa amostra, mais chances esse aluno terá de manter um certo interesse pelas diferentes manifestações da nossa cultura.

Ao mesmo tempo, a familiaridade do professor com as diferentes culturas não pode baratear a noção de cultura. Eu tenho tentado – e continuo tentando – formular essa idéia com maior clareza, mas, basicamente, hoje, há uma certa tendência a se acreditar que a aprendizagem pode ser prazerosa, o que nem sempre é verdade. As noções de trabalho, de disciplina e de estudo estão sendo paulatinamente tiradas de cena no contexto da escola e da aprendizagem. Assim, se dá ao aluno a idéia de que ele só terá de ler pela vida afora livros *fáceis* com letras grandes, com uma frase por página. Mas isso não basta, isso é apenas um ponto de partida para depois ele ler textos maiores e mais complexos. A visão plural que o educador precisa ter a respeito das diferentes formações culturais não é, de modo algum, para que ele passe ao aluno a idéia de que é muito fácil se tornar leitor.

Eu penso que Monteiro Lobato é o grande modelo da pedagogia de leitura. Seu livro *Dom Quixote das crianças* é a história de como as crianças do Sítio do Pica-Pau Amarelo chegam ao *Dom Quixote* de Cervantes. Quando Dona Benta começa a ler o livro para os netos, logo percebe que as crianças não entendem a linguagem de uma tradução erudita de Cervantes. Então, ela resolve ler o livro e depois contar para as crianças, mas não diz que dá na mesma contar a história e ler a história, de maneira diferente, diz, que, quando as crianças se tornarem adultas, poderão ler o livro, que é muito melhor que a história que ela contou. Em suma, o que Lobato advoga nessa formatação da história é que a leitura de uma adaptação é apenas uma etapa do acesso à cultura, como um passo para, mais adiante, se ter acesso a produtos culturais mais sofisticados ou mais complexos.

1 Carolina Maria de Jesus nasceu em 14 de março de 1914, em Sacramento (MG), e faleceu em 13 de fevereiro de 1977, com 62 anos de idade, em São Paulo. Teve acesso à escola formal por apenas dois anos, quando era criança. Sua obra mais conhecida, publicada em 1960 com tiragem inicial de 10 mil exemplares, esgotados na primeira semana, e traduzida em treze idiomas, é *Quarto de despejo*. Esse livro resgata e denuncia uma face cruel e perversa da vida cultural brasileira quando do início da modernização da cidade de São Paulo e do surgimento de suas favelas.
Para saber mais sobre a vida e a obra da escritora, visite o site http://www.amulhernaliteratura.ufsc.br/catalogo/carolina_vida.html.

Eu tenho uma enorme má impressão de tudo que parece muito fácil. Então, a idéia de que "ler é uma gostosa brincadeira" ou de que "ler é uma viagem pela imaginação" pode ser verdade às vezes, mas não o é sempre. Se tudo fosse tão bom e fácil, não seria preciso ir à escola, pois as pessoas aprenderiam a ler assim como se aprende a ver novela na TV. Mas há algo de específico na leitura que exige uma iniciação, e essa iniciação não é assim sempre tão fácil.

Em Questão – Essa idéia da leitura ou mesmo da escola como algo que deve ser prazeroso, alegre ou lúdico também tem sido bastante propagada, não é?

Marisa – Por isso os professores são meus heróis, porque eles têm de lidar com tanta coisa, coisas que vêm de gente como eu, que não tem a mínima idéia do que seja dar aula... E o professor, galhardamente, passa por tudo isso e dá o recado da melhor maneira possível. Houve uma época em que, na escola, se estudava análise sintática, sujeito, predicado e complemento. De repente passou-se a ensinar funções da linguagem, função poética, função conativa, etc. Hoje ensinam-se gêneros. Em momentos de bom humor, penso que, com os conteúdos do ensino da disciplina de língua materna, passa-se o mesmo que se passa com a moda: é mais ou menos como, por exemplo, a moda de sandália: tem época da sandália com tirinha, depois o chique é com tirona, depois com sola de pneu, com sola colorida... E o professor passa por tudo isso e dá o recado da melhor forma que consegue. Ou seja, aprende a andar com qualquer tipo de sandália. Às vezes a sandália incomoda, entorta o passo, mas ele caminha. Num certo sentido, está se tirando do professor e do aprendiz a noção de dificuldade das coisas. Ultimamente, tenho pensado muito sobre por que atualmente livros de gramática, programas de televisão e seções de jornal que prometem ensinar a escrever fazem tanto sucesso. Por que projetos como "não maltrate o português" ou "saiba usar os verbos corretamente", execrados por certos setores da academia, têm tanto apelo, dentro e fora da academia? Só por que têm mídia? Sim, até certo ponto. Mas, penso, às vezes, que, ao longo de todos esses anos nos quais a lingüística suprimiu o estudo normativo da gramática, talvez tenha sido suprimido também um aspecto pelo qual as pessoas sempre se interessaram, que era o funcionamento normativo da linguagem, que tem seu componente lúdico.

Assessorei um projeto do qual participavam professores que tinham oferecido vários minicursos para o desenvolvimento de poesia em sala de aula, nos quais eles ensinaram a diferença entre poesia e poema. Apontaram (corretamente) para os alunos que poema é a realização concreta da poesia, que, por sua vez, é abstrata. E o que a maior parte dos professores aos quais o curso foi oferecido entendeu? Entendeu (equivocadamente) que poesia é o texto que fala de coisas abstratas, e poema é o texto que fala de coisas concretas. Assim, "café com pão, café com pão, café com pão, Virgem Maria, o que foi isso maquinista?" (texto de Manuel Bandeira), seria *poema,* enquanto "amor é fogo que arde sem se ver" (soneto camoniano) seria *poesia*... Isso não mostra que o professor tenta se apropriar, à sua maneira, das categorias criadas pela crítica ou pela universidade? Acho que mostra. Penso que os professores que assistiram ao curso em questão nos ensinam que o conhecimento também se constrói e se desenvolve por meio da formulação precisa de categorias e da aplicação de tais categorias aos dados da realidade. Tais professores estão se apropriando do conhecimento ao qual foram expostos, dividindo o mundo da poesia em dois hemisférios: poema e poesia.

Acredito piamente que uma das coisas que o ser humano mais acha divertido fazer na vida é sistematizar, classificar. No momento em que a língua não se presta mais para isso, quando classificar e denominar deixam de ser práticas vigentes e discutidas na escola, resta um "salve-se quem puder"... E os professores se salvam, conseguindo dar um jeito de fazer alguma coisa, aplicando canhestramente o que lhes foi oferecido para satisfazer suas mais legítimas necessidades epistemológicas.

Em Questão – Então, continuamos sem saber exatamente qual é a competência da escola com relação à leitura. Os PCNs [Parâmetros Curriculares Nacionais][2] trouxeram alguma contribuição para isso?

[2] Aprovados pelo Conselho Nacional de Educação em 1997, os PCNs constituem sugestões de conteúdos a serem abordados por todas as escolas do País. Para a área de Língua Portuguesa, há parâmetros para o primeiro e o segundo ciclos (1ª a 4ª séries) e para o terceiro e o quarto ciclos (5ª a 8ª séries) do ensino fundamental. No ensino médio, a área de Língua Portuguesa está inserida no item "Linguagens, Códigos e suas Tecnologias" dos Parâmetros Curriculares Nacionais para o Ensino Médio. Os textos dos PCNs podem ser consultados e transferidos na íntegra pelo site www.bibvirt.futuro.usp.br/textos/humanas/educacao/pcns/sumario.html.

Marisa – Os PCNs foram muito importantes, porque, pela primeira vez, em muitos anos, apresentaram uma longa explicação do que se pretendia com cada uma das várias disciplinas. O problema é que os professores "de carne e osso" não compreenderam a formulação dos Parâmetros, redigidos num estilo, digamos, espinhoso. Por isso, o MEC desenvolveu os Parâmetros em Ação, versão facilitada dos PCNs. De qualquer forma, acho difícil estabelecer e operacionalizar o que se entende por *competência* na área educacional. Continuamos sem saber exatamente quais são os saberes necessários para o professor ser bem formado. Sabe-se só o básico: ele precisa saber ler bem, isto é, bater o olho num papel e conseguir entender, na primeira leitura, o que está escrito; também já se concorda com o fato de que o professor precisa ter um repertório maior que o dos alunos, ele precisa ter lido mais livros que os alunos. Para além disso, não creio que se vá.

Em Questão – Esse básico tem sido oferecido aos professores nos cursos de formação inicial ou nos cursos de formação em serviço?

Marisa – Acredito que sim. Eu acho que os professores estão mais capacitados hoje do que estavam há dez anos.

Em Questão – Em suas obras, você trata da dependência entre literatura e escola como um elemento da chamada indústria editorial. Quanto à literatura infantil, essa dependência existe desde que se começou a escrever livros para criança no Brasil. Isso traz perigos para a prática e para o ensino de leitura?

Seria possível, ou mesmo necessário, fugir dessa relação?

Marisa – Não acho possível fugir disso. A questão, a meu ver, é como lidar com isso. O professor deve ser formado para entender essa relação profunda, pois, quando ele a entende, deixa de ser ingênuo, deixa de escrever as patéticas cartas que escreve às editoras, dizendo "trabalho numa escola pobre, não tenho dinheiro, você pode me mandar cinco livros?". É a mesma coisa que escrever ao dono de uma rede de supermercados pedindo para mandar cinco quilos de feijão. Livros e feijão são produzidos a partir da mesma lógica; a diferença é que o feijão não tem o revestimento ideológico que tem o livro, revestimento que apaga sua dimensão de mercadoria. A relação entre literatura infantil, literatura juvenil e escola vem desde o nascimento desses gêneros e está cada vez mais entrelaçada. Mas o professor pode ter uma voz mais forte do que tem atualmente na qualidade da produção literária.

Em Ribeirão Preto[3], há uma política muito interessante de capacitação cultural do professor. Durante a Bienal do Livro daquele município, os professores das escolas públicas recebem um cheque-livro, para que possam comprar títulos para suas escolas. Isso é uma tendência auspiciosa em termos de política de leitura, pois não é o governo que dá os livros considerados bons por alguns "iluminados", mas o professor que compra os títulos que considera bons para seus alunos. O problema era que os professores compravam os livros como quem compra legume na feira, isto é, preocupavam-se em comprar o máximo de livros com aquela quantia de dinheiro, sem se atentar para a qualidade. Então, a Secretaria de Cultura promoveu eventos que discutiram a questão com os professores, sensibilizando-os para a questão de que, quando se trata de livros, nem sempre a *quantidade* vale mais que a *qualidade*. Esta política é exemplar, porque, simultaneamente, fez do usuário final o sujeito da escolha do seu livro e capacitou esse usuário para que pudesse adquirir títulos de forma mais conscienciosa. Esse é um caminho para começarmos a pensar o que seriam políticas de leitura para esse país.

Cada vez que uma ONG decide organizar uma biblioteca, envia cartas aos especialistas perguntando que livros deve incluir no acervo. Eu geralmente sugiro alguns títulos, mas também recomendo que se guarde um pouco da verba para comprar livros indicados pelos usuários. Aí a organização manifesta o receio de que a comunidade escolha os livros "errados". Então, eu digo que não existe livro "errado". Eles vão querer auto-ajuda, mas qual é problema? Essa visão elitizada dos livros que devem ser lidos está muito presente na sociedade. Vários professores que não gostam de ler

3 Município localizado na região norte do Estado de São Paulo, a 319 quilômetros da capital. O Projeto Ribeirão das Letras é abordado na reportagem da seção **Olhares e fazeres** desta publicação (p. 63-64).

os clássicos afirmam que seus alunos têm dificuldade de ler *Iracema*. Mas esse professor jamais colocaria *Iracema* entre os livros que ele mais gostou de ler na vida. Isso significa que ele vai ser uma espécie de falso iniciador do aluno na leitura. É como se um professor de Educação Física que não gostasse de esportes tivesse de montar um time de vôlei ou futebol na escola, sem sair da cadeira, sem torcer, sem manifestar entusiasmo por uma cortada bem dada... Dificilmente o time daria certo, não é mesmo?

Em Questão – Seus textos mostram que sempre houve algum tipo de escolha centralizada dos livros que entrariam nas escolas, algo que se tornou oficial a partir de 1937, quando o governo federal passou a assumir essa função. A partir de 1985, o Programa Nacional do Livro Didático passou a envolver os professores na escolha dos livros. Isso representa um avanço?

Marisa – Com toda a certeza! Todos os projetos que envolvem os professores na escolha dos livros merecem ser ampliados, estudados e aplaudidos. É muito importante o professor ser responsável pelo instrumento de trabalho que vai usar, até para que ele saiba como é que se escolhe um livro. Melhor ainda seria se houvesse uma espécie de calendário oficial brasileiro, em que, durante uma semana, se discutisse o livro didático, e essa discussão fizesse parte do projeto de avaliação do livro didático do MEC. Aliás, esse é outro ponto muito importante. Antes de 1996, não havia avaliação de livro didático. A iniciativa do MEC gerou polêmica, pois, de fato, pode ter havido equívocos no processo. Mas o princípio de uma avaliação é absolutamente louvável e essencial para que possamos sinalizar para as editoras que tipo de livro queremos. Porém, é preciso ouvir o professor, pois os livros mais bem cotados pela comissão de avaliação nem sempre são do agrado do professor. Isso gerou uma situação curiosa: muitos autores de livro didático tinham medo de ganhar três estrelas. Com três estrelas, o livro corria o risco de – por ter sido considerado bom para a comissão de especialistas – parecer difícil aos olhos dos professores e, portanto, inadequado para ser adotado na escola. Por isso, a avaliação precisa absorver de alguma maneira a voz do professor.

Em Questão – A questão dos livros didáticos é uma discussão apenas entre os professores e os especialistas?

Marisa – Certamente não. Mas é sobretudo deles. Nesse sentido, um ponto que eu gostaria de destacar é que a mídia deveria se interessar por livro didático não só quando houvesse escândalos de desvio de recursos. É preciso criar uma cultura de discussão de livros didáticos para além do momento da seleção. Quando, por exemplo, alguém denuncia que a representação do negro em determinado livro didático está preconceituosa, seria bom que a grande imprensa discutisse o assunto. Mas seria melhor ainda que a imprensa não se ocupasse de livro didático apenas esporadicamente. Seria muito difícil colocar a questão da literatura didática no centro de uma discussão mais ampla, de qualidade, de eficiência? Eu penso que não, até porque, do ponto de vista econômico, esse é o segmento majoritário da indústria editorial brasileira.

Outro ponto é que essa indústria precisa ter mais responsabilidade social. As editoras brasileiras estão habituadas a não investir em propaganda do objeto que vendem, porque seu grande comprador é o governo. A Câmara Brasileira do Livro fez uma minuciosa pesquisa sobre hábitos de leitura que revelou algo muito sugestivo: pessoas das classes C e D querem ler, até têm dinheiro para comprar livros, mas não sabem onde comprar livros nem quais livros existem! Porque o governo compra livros – a mancheias, como queria Castro Alves –, as editoras não precisam se mobilizar para ampliar o seu próprio mercado, já dispõem de um mercado cativo que as satisfaz. Não sou contra o governo comprar livros – muito ao contrário –, mas ele pode exigir uma contrapartida. Por exemplo: o governo compra uma certa quantidade de livros, desde que as editoras desenvolvam uma forma melhor de distribuição. Temos vendas pela internet, temos livrarias que entregam em casa, mas não temos um amplo acesso ao livro, que o tornaria efetivamente um objeto mais presente na vida das pessoas. E não estou nem discutindo a questão da leitura, estou falando do acesso ao objeto livro.

Em Questão – Você está acompanhando as políticas de incentivo à leitura do atual governo federal? O PNBE [Programa Nacional Biblioteca da Escola], por exemplo, agora está oferecendo livros para alunos de educação de jovens e adultos.

Marisa – Tenho acompanhado, sim, até porque assessoro editoras na organização de coleções e fiquei muito feliz porque uma das coleções de jovens e adultos que propus foi selecionada. Acho que essa é uma forma efetiva de colocar livro nas mãos de gente que nunca viu livro. E de novo a situação é interessante para flagrar os preconceitos nesse campo. Esse programa foi iniciado pelo professor Paulo Renato [ministro da Educação durante do governo de Fernando Henrique Cardoso, de 1995 a 2002], e imediatamente houve quem pensasse que se tratava de uma medida eleitoreira, que os livros seriam acompanhados de um retrato do ministro, que ele seria candidato à Presidência da República, etc. Enfim, ficou claro que não era nada disso, os livros foram entregues sem comício. Infelizmente, o que faltou foi exatamente mais divulgação do projeto. A meu ver, o Programa foi adequadamente mantido pelo atual governo. Mas o que se dizia e continua se dizendo contra esse Programa? Diz-se que "as crianças não vão saber tomar conta dos livros". Nas restrições com que parte da comunidade recebeu este projeto, um argumento curiosíssimo era de que "as crianças não vão dar valor para uma coisa que elas ganham". Contestavam a iniciativa dizendo também que "os alunos vendiam os livros em vez de os lerem". Uma forma de defender o projeto era argumentar que, diferentemente, vender o livro era uma prova de que ele tinha não só valor de uso, mas também valor de troca. Tudo isso mostra que há resistências de natureza ideológica para entregar os livros na mão do povo.

A decisão do atual governo de incluir o segmento de educação de jovens e adultos no PNBE é fundamental, porque essa é aquela faixa da população que a pesquisa da Câmara Brasileira do Livro mostra que tem interesse em ler, mas não tem o que ler. Por isso, várias editoras estão interessadas em lançar coleções para esse público. Que livros devem ser oferecidos para esse público torna-se quase um problema secundário diante do problema de distribuição desses livros. A distribuição para essa faixa não pode ser somente por meio da escola, como as editoras estão acostumadas a fazer. Os livros têm de ir para a banca de jornal, para a farmácia; é preciso fazer um programa piloto chegar ao fim da linha. Então, acho que esses projetos são muito interessantes e devem ser incentivados; quanto mais projetos dessa natureza existirem, e quanto mais possibilidades tivermos de avaliá-los, mais aprenderemos sobre leitura.

Em Questão – O Projeto É Só o Começo, lançado neste ano pelo MEC e que propõe adaptar clássicos da literatura para jovens e adultos recém-alfabetizados, foi muito criticado. O que você pensa sobre isso?

Marisa – Eu sou a favor. Vi um dos livros, a adaptação de *Triste fim de Policarpo Quaresma* de Lima Barreto, e achei o trabalho bom. Muitas pessoas consideraram um absurdo adaptar clássicos, mas levando Brás Cubas (aquele personagem emburrado de Machado de Assis) a sério, acho que o livro adaptado pulou os pedaços que os leitores comuns pulam mesmo! A obra original do Lima Barreto entremeia (pouca) ação e (muita) reflexão, e a versão adaptada peneirou essa reflexão. De qualquer forma, na adaptação, as pessoas podem ler uma história bonita, como se fosse uma versão de televisão, com a vantagem de que *é escrito*; a pessoa vai se sentir valorizada por se sentir capaz de ler um grande nome da literatura. Quando eu era menina e estudava piano, eu tocava música facilitada escondido da professora. Ela me fazia estudar horas, porque só admitia que se tocasse o original, mas eu não queria demorar duas, três semanas para aprender a tocar o que eu queria tocar. Eu queria ir à festa e saber tocar uma coisa qualquer, porque aquilo me daria um certo charme, me garantia platéia. Eu acho que a literatura tem também esse valor, de moeda social.

Então, o Projeto É Só o Começo é interessante, mas precisaria ser discutido com a comunidade – inclusive com pesquisadores – e, sobretudo, precisaria receber algum tipo de acompanhamento e avaliação. Para a elaboração de políticas de leitura, é importante saber os usos que as comunidades estão fazendo desses livros (escolas de EJA, igrejas e sindicatos, algum veículo de imprensa são os meios que me ocorrem para serem parceiros neste acompanhamento/avaliação); precisamos estudar um pouco a história da adaptação no Brasil; acompanhar qual está sendo a reação a esses livros; saber que outros livros a comunidade gostaria de ver reescritos, enfim, ouvir mais a voz da comunidade. Que Machado de Assis a gente deve fazer? Como fazer esse Machado? Não seria interessante conseguir autorização dos herdeiros do Monteiro Lobato para pôr Dona Benta em cena e recontar alguns clássicos brasileiros? Lobato deu, creio, a melhor lição de que dispomos de como colocar clássicos em circulação.

Em Questão – Fora da escola, qual é a possibilidade de formação de leitores no Brasil?

Marisa – É muito difícil desenvolver políticas de leitura sem nenhum espaço institucional. Pelas histórias de leitura que estou levantando, vejo que a igreja é um espaço fundamental. Mas acho que precisamos identificar outras instituições significativas para a população. Em alguns programas evangélicos exibidos bem tarde da noite na televisão, é interessante observar a performance verbal das pessoas. É muito boa. Trata-se de uma performance sofisticada, que dificilmente ocorreria há dez anos. Acho que a leitura bíblica está melhorando a performance verbal das pessoas. Valeria a pena estudar isso.

Outra forma de atingir o público fora da escola seria incluir a leitura como tema na mídia. Em 2000, na tentativa de fazer com que os diretores de escola entregassem aos alunos os livros do PNBE, chegou-se a pensar que o melhor de tudo seria se uma personagem da novela das oito dissesse: "Pô, você não viu que chegaram os livros na escola e não estão entregando aos alunos...?". Porém, era época eleitoral e não era permitido mencionar ações do governo. Logo, a idéia não vingou de saída. Mas pode ser usada em outros programas, em épocas não eleitorais. Agora, por exemplo: já foi divulgada a lista de livros comprados este ano pelo PNBE. Não seria bom se a mídia falasse desses livros, de maneira a torná-los objeto de desejo da comunidade? Continuo a acreditar que eles protagonizariam bem um horário nobre.

Paralelamente, seria muito interessante que, junto com a compra governamental, houvesse um compromisso das editoras em lançar essas coleções no mercado a preço baixo. A grande quantidade comprada pelo governo barateia muito o livro, cada unidade custa cerca de 34 centavos; ou seja, esses livros poderiam ser vendidos a poucos reais em banca de jornal, em açougue, em feira livre. Tudo isso faria parte de uma campanha nacional de leitura. E, de novo, estaríamos acertando contas com nossa história de leitura, ao aprendermos com Monteiro Lobato, que *viabilizou* sua editora, nos idos dos anos 1920, criando formas alternativas de distribuição de livros.

OLHARES

e FAZERES

Histórias de leituras no Brasil

Maria A. Medeiros

Em todo o território nacional,
políticas governamentais e
ações da sociedade civil organizada
procuram estimular a prática da leitura

Em um contexto de elevados índices de analfabetismo absoluto e funcional da população jovem e adulta, de baixas taxas de aproveitamento escolar no ensino fundamental e médio, de um mercado ainda restrito de consumidores de livros e de outros bens culturais, diversas ações, sejam da sociedade civil, da iniciativa privada ou de governos, buscam incentivar o hábito da leitura ou facilitar o acesso dos brasileiros ao livro. Para isso, nos mais diferentes locais (de praças a hospitais, de escolas a presídios), são utilizadas as mais variadas estratégias (de distribuição de acervos a promoção de concursos de redação, de formação de professores e agentes de leitura a publicação de obras de leitores-autores).

O Observatório da Educação e da Juventude procura mostrar algumas dessas ações da sociedade civil e da iniciativa privada, sem a preocupação de elegê-las como as melhores ou de classificá-las como exemplares, pois são apenas algumas entre muitas que se multiplicam pelo País. Já no âmbito governamental, procuramos apresentar os principais programas federais voltados para a promoção da leitura, localizados nos Ministérios da Educação e da Cultura. Ainda abordamos algumas iniciativas municipais e estaduais, também sem a pretensão de mapear tudo o que se faz nesse sentido.

Por fim, conversamos com especialistas da área de leitura, que nos chamaram a atenção para algumas questões importantes a serem discutidas quando se fala de políticas de incentivo à leitura em um país como o Brasil, marcado por tantas desigualdades sociais e pela ausência de políticas educacionais efetivas. A principal delas é a premência de se estabelecer políticas capazes de transformar o sistema educacional e de democratizar o acesso aos bens culturais.

As políticas governamentais

Tradicionalmente voltado para a distribuição de livros didáticos (o governo federal começou a distribuir livros escolares para estudantes de baixa renda em 1937), o Ministério da Educação inovou ao lançar, em 1997, um programa que distribuía livros de literatura às escolas públicas. E avançou mais ainda ao entregar esses livros diretamente aos alunos, a partir de 2000. No Ministério da Cultura, ambiciona-se implementar uma biblioteca em cada município brasileiro (faltam 1.000 bibliotecas para chegar a todos os 5.507 municípios do País). Entretanto, o maior desafio continua sendo a articulação de ações entre os Ministérios e destes com os programas dos governos municipais e estaduais

Programa Nacional Biblioteca da Escola

Criado em 1997 pelo Ministério da Educação, o PNBE (Programa Nacional Biblioteca da Escola) nasceu com o objetivo de disponibilizar recursos diversificados de leitura às escolas públicas de ensino fundamental, assim como apoiar projetos de capacitação e atualização de professores e programas de promoção da leitura. Nos primeiros anos, o Programa se dedicou basicamente a compor o acervo das bibliotecas escolares, mas, a partir de 2000, pela constatação de que os livros ficavam parados e não surtiam o efeito desejado, decidiu-se por uma mudança estratégica: os livros agora iriam para as mãos dos alunos.

Até 2002, o PNBE atendia somente alunos de quarta série (cerca de 3,5 milhões de estudantes). A partir de 2003, o Programa foi estendido para turmas de oitava série (2,9 milhões) e de Educação de Jovens e Adultos, com 490 mil alunos. No total, são 8,4 milhões de alunos atendidos em 180 mil escolas espalhadas pelo País. Para distribuir a cada aluno uma coleção de obras literárias, o MEC investiu 44 milhões de reais em 2003.

A seleção dos títulos é feita por uma comissão de 200 especialistas, de acordo com a série e a faixa etária dos alunos. Para o Programa Literatura em Minha Casa, voltado para estudantes de quarta e oitava séries, foram destinadas coleções com cinco e quatro volumes, respectivamente, compostas de antologia poética, contos, crônicas, novelas, obras clássicas da literatura brasileira e universal, peças de teatro e obras da tradição popular. No Programa Palavra da Gente, dirigido aos grupos de EJA, a coleção de seis volumes inclui um ensaio ou uma reportagem, uma antologia de crônica, um volume de tradição popular, uma antologia poética, uma peça teatral ou uma biografia ou um relato de viagem. Além dos livros, o PNBE também promove, em parceria com as secretarias municipais e estaduais de educação, a capacitação dos professores para que possam trabalhar adequadamente com esse material.

Embora os números do Programa sejam astronômicos, para a coordenadora do PNBE, **Lucia Lodi**, o País ainda está longe de solucionar o grande déficit na distribuição de bens culturais. "Hoje, menos de um terço das escolas públicas do País conta com bibliotecas, e grande parte delas não é mais que um mero depósito de livros. Por isso, no próximo ano, o Ministério pretende investir mais nas bibliotecas escolares, visando à ampliação dos acervos e, havendo contrapartida dos Estados e municípios, a melhorias na infra-estrutura", anuncia.

PNBE (Programa Nacional Biblioteca da Escola)
Esplanada dos Ministérios, bloco L, 6º andar, sala 613
CEP 70047-900 Brasília-DF
Tel.: (61) 410-8641
Fax: (61) 410-9276
Site: www.mec.gov.br

Ações do Ministério da Cultura

No âmbito do Ministério da Cultura, existem duas iniciativas estritamente voltadas para a leitura que atuam em duas frentes distintas, porém, com o mesmo objetivo. O Programa Uma Biblioteca em Cada Município visa facilitar o acesso da população aos livros por meio da implantação de bibliotecas públicas, enquanto o Proler, vinculado à Fundação Biblioteca Nacional, tem como meta viabilizar ações que promovam o hábito da leitura entre a população.

Desde 1993, o Programa Uma Biblioteca em Cada Município ajudou a implantar 1.573 bibliotecas públicas em todo o País. Os municípios recebem estantes e um acervo com 2.200 obras, além de capacitação para o gerenciamento da biblioteca. Em contrapartida, a instituição responsável pelo Projeto no município deve dispor de espaço físico e mão-de-obra para a implantação e a manutenção da biblioteca.

Em 2003, a verba destinada ao Programa foi de 4 milhões de reais, mas em períodos anteriores chegou a ser de 14 milhões de reais. Segundo **Luiz Carlos Nogueira**, diretor-executivo da Secretaria do Livro e da Leitura, o Programa está passando por uma reestruturação, que deverá fortalecer o Sistema Nacional de Bibliotecas e o fomento ao hábito da leitura. "Para termos mais clareza das prioridades, estamos trabalhando na atualização dos dados do Cadastro Nacional de Bibliotecas, que já está em fase de conclusão", explica.

De acordo com Nogueira, até o momento, o Nordeste foi a região que mais recebeu benefícios do Programa. Hoje, porém, a maior carência está na Região Norte. A demanda também é grande no Sudeste e no Sul, principalmente na periferia das grandes cidades. A estimativa do Ministério é de que ainda existam cerca de mil municípios que não dispõem de biblioteca e que deverão ser atendidos pelo Programa. "É o que falta para atingirmos a meta nacional de disponibilizar pelo menos uma biblioteca pública em cada município brasileiro", constata Nogueira.

Uma Biblioteca em Cada Município
Fundação Biblioteca Nacional
Av. Rio Branco, 219
CEP 22040-008 Rio de Janeiro-RJ
Tel.: (21) 2220-9367
Site: www.bn.br

Proler – Criado em 1992 sob a coordenação da Fundação Biblioteca Nacional, o Proler tem como meta promover maior articulação interministerial e interinstitucional em torno da questão da leitura, de forma a intensificar as discussões e viabilizar parcerias para a implantação de projetos de incentivo à leitura nas comunidades.

Segundo **Cynthia Campelo Rodrigues**, coordenadora do Programa, um dos pontos fortes do Proler é a articulação entre o MEC e as secretarias de educação, visando à formação de mediadores de leitura. "Essa parceria é fundamental, porque proporciona uma intervenção direta na escola por meio da capacitação de professores para que atuem de forma mais eficaz na formação de leitores", diz. Na opinião da coordenadora, a escola não tem sido muito eficiente na formação de leitores, em grande parte, pela didatização do livro literário. "Isso, em geral, afasta o aluno do prazer da leitura. Por isso, é fundamental conscientizar o professor de que literatura não é livro didático, e a escola pode e deve ser um espaço para se ler literatura", defende.

O Proler também atua junto a bibliotecas públicas, comunitárias e até particulares, promovendo a implantação de projetos de incentivo à leitura. Um bom exemplo é o Projeto Livro na Praça, da Biblioteca Pública Benedito Leite, em São Luís (MA). Parte do seu acervo é levada para várias praças localizadas na periferia da cidade, onde voluntários disponibilizam os livros e desenvolvem atividades de leitura com a comunidade. "Esse tipo de ação é muito importante, porque, freqüentemente, notamos que, apesar de as instituições terem um bom acervo, ele se encontra parado", avalia Cynthia.

Outro exemplo é o Projeto Domingão da Biblioteca Municipal de Porto Velho (RO). Voluntários montam uma tenda no meio da praça, disponibilizam os livros e promovem atividades para crianças e jovens. Segundo a coordenadora do Proler, essas ações estão ajudando a mudar o perfil dos freqüentadores de bibliotecas. "Notamos que hoje muito mais pessoas buscam regularmente a biblioteca para ler, e não somente quando precisam pesquisar algum assunto para um trabalho escolar."

Na avaliação da gerente da Diretoria de Fomento e Incentivo à Cultura, **Mequita Andrade**, os resultados das ações no âmbito do Ministério, incluindo o próprio Proler, ainda são muito tímidos. Segundo ela, isso se deve a dois fatores. O primeiro é uma histórica ausência de articulação entre os vários programas desenvolvidos nos Ministérios. O segundo deve-se à histórica posição de segundo plano das questões culturais no Brasil. "Reverter esse quadro é um grande desafio, mas acredito que, com Gilberto Gil no Ministério, a cultura vai ganhar mais destaque junto ao governo central e também perante a sociedade civil", aposta. Para Mequita, mesmo sem recursos adicionais, o Ministério tem condições de intensificar sua atuação no campo da leitura. "Existem excelentes programas em andamento, tanto na esfera governamental como em diversas instituições da sociedade civil. O que precisamos é integrar essas ações, de modo a otimizar recursos e torná-los mais abrangentes."

Além de promover essa articulação, Mequita também cogita a possibilidade da criação de uma grande campanha nacional que ao mesmo tempo promova o hábito da leitura entre a população e sensibilize as editoras a baratearem o custo dos livros para o consumidor. "Hoje, a tiragem média dos livros de literatura é de 3 mil a 5 mil exemplares. Se houvesse uma redução do preço ao consumidor, as vendas poderiam crescer, permitindo que as editoras aumentassem essa tiragem, com significativa redução dos custos de produção", afirma.

PROLER (PROGRAMA NACIONAL DE INCENTIVO À LEITURA)
ESPLANADA DOS MINISTÉRIOS, BLOCO B, 3º ANDAR, SALA 320 B
CEP 70068-900 BRASÍLIA-DF
TEL.: (61) 316-2217 FAX: (61) 223-4210
SITE: www.cultura.gov.br

Prefeitura de São Paulo

Ancorada nas teorias de Paulo Freire, a política de leitura estabelecida no município de São Paulo pela Secretaria Municipal de Educação adotou como lema uma célebre frase do pedagogo: "A leitura do mundo antecede a leitura da escrita". Partindo dessa concepção, a atual gestão da secretaria implantou o Programa Círculos de Leitura, que introduz algumas mudanças ao Projeto das Salas de Leitura, já consolidado no município há cerca de trinta anos.

Segundo **Paulo Gonçalo dos Santos**, assessor técnico educacional da Secretaria Municipal de Educação, as Salas de Leitura, criadas, no início da década de 1970, para mudar o antigo conceito de bibliotecas, hoje estão presentes em todas as 449 escolas municipais de ensino fundamental e médio. Nesses ambientes, os alunos desenvolvem atividades de leitura duas vezes por semana, sob a orientação de um professor nomeado pela escola e capacitado em cursos oferecidos pela Secretaria para atuar como orientador de sala de leitura.

Com o novo programa, essas salas estão passando por uma transformação. Para melhorar o acesso dos alunos a outras "formas de ler o mundo", como as imagens e os sons, elas estão recebendo televisores, videocassetes, DVDs, aparelhos de som e computadores conectados à internet.

O projeto das salas interativas foi elaborado sob a consultoria de Edmir Perrotti, professor da Escola de Comunicações e Artes da Universidade de São Paulo (ECA-USP). Segundo Paulo Gonçalo, todos os CEUs (Centros de Educação Unificada) já possuem salas interativas, e a meta agora é implantar o Projeto em todas as escolas da rede.

"Não há prazo definido para isso, mas os equipamentos já foram adquiridos pela Prefeitura, e cada escola deverá receber pelo menos dois computadores com acesso à internet, TV, vídeo e DVD", promete.

Ainda segundo o assessor, é importante que a comunidade participe desse processo e também usufrua desses benefícios, que não devem ficar restritos aos alunos matriculados.

O Programa também está sendo implantado nos Centros de Educação Infantil, destinados a crianças de 0 a 7 anos. "Já adquirimos 200 títulos especiais para essa faixa etária e estamos treinando os professores para atuar como orientadores, incentivando a leitura desde os primeiros anos de escolarização", afirma Paulo Gonçalo.

Além de equipar as salas e capacitar professores para atuar como orientadores de leitura interativa, o Programa inclui ações de promoção da leitura e de produção de conhecimento. Com base em um levantamento das obras publicadas por professores da rede, a Secretaria deu início a um projeto que visa divulgar essa produção e estimular alunos e educandos a produzirem novos trabalhos. Foram selecionadas 50 publicações que estão sendo encaminhadas para as escolas, onde serão realizadas oficinas com a presença dos autores. "A idéia é de que a própria Secretaria passe a publicar os livros produzidos no Programa", conta Gonçalo.

Outro projeto já implantado são os Círculos de Leitura: Resgatando a História. Direcionado aos treze Centros de Educação da Juventude, o Projeto visa reintegrar segmentos excluídos do espaço escolar. O trabalho começou com vinte transexuais, que estão participando de rodas de leitura nas escolas e abrindo espaço para a discussão de temas como o preconceito e a discriminação. O próximo passo, segundo o assessor, é trabalhar para incluir no Projeto prostitutas, michês e homossexuais de baixa renda que vivem em situação de prostituição.

Por meio da parceria entre a ONG Imagemágica e a Secretaria Municipal do Trabalho, o Programa Círculos de Leitura também oferece a 400 jovens atendidos pelo Programa Bolsa Escola um curso de fotografia nada convencional. Os alunos aprendem a construir suas próprias máquinas fotográficas com materiais recicláveis e saem a campo registrando imagens da comunidade. As fotos são reveladas em laboratórios construídos em escolas de várias regiões da cidade, com a participação de professores da rede, para que aprendam a técnica e repassem esse conhecimento a seus alunos. "No final deste ano, vamos publicar o livro *Olhares da cidade*, com as imagens produzidas por esses jovens", antecipa Gonçalo.

De acordo com o assessor, os projetos em andamento nas escolas paulistanas resultam de uma opção da atual gestão por uma educação popular, pautada em várias leituras de mundo que favoreçam a construção de uma visão crítica da realidade. "Não adianta só trabalhar com a leitura dos clássicos se o aluno não tem compreensão da sua própria realidade", afirma. "Mas isso não significa deixar de lado a literatura. A rede hoje conta com 800 orientadores de leitura que participam de oficinas, encontros com autores e outros eventos promovidos pelas coordenadorias regionais de educação para estimular o contato do aluno com o acervo literário disponível nas escolas."

Prefeitura de São Paulo
Secretaria da Educação
Diretoria de Orientação Técnica 2, Círculo de Leitura
Rua Diogo de Faria, 1.247, sala 313
CEP 04037-004 São Paulo-SP
Tel.: (11) 5579-8710
E-mail: psantos@prefeitura.sp.gov.br
Site: http://portal.prefeitura.sp.gov.br/secretarias/educacao

Ribeirão das Letras

Instituído em 2001 na cidade de Ribeirão Preto, interior de São Paulo, o Programa Ribeirão das Letras está se consolidando como um modelo para o País. Em apenas dois anos, o Programa implantou 51 bibliotecas em centros culturais, museus, escolas, associações de bairro, igrejas, sindicatos e na penitenciária estadual. A meta é chegar a 80 bibliotecas até 2004, o que dará à cidade a média de uma biblioteca para cada 6 mil habitantes – média igual à estabelecida pela Unesco para países desenvolvidos e média acima da indicada para países como o Brasil, que é de uma biblioteca a cada 10 mil habitantes.

O Programa tem respaldo na Lei do Livro, sancionada em 2001 pelo então prefeito Antônio Palocci, atual ministro da Fazenda, que prevê a destinação de uma verba anual da Prefeitura para renovar os acervos das bibliotecas públicas e assegurar o acesso gratuito ao livro. Segundo informações do Departamento de Educação da Secretaria de Educação de Ribeirão Preto, desde sua implantação, os índices de empréstimo de livros nas bibliotecas e os índices de leitura entre a população têm aumentado progressivamente. "A média de leitura hoje é de três livros para cada habitante ao ano, 50% acima da média brasileira", diz a diretora do Departamento de Educação da Secretaria de Educação de Ribeirão Preto, **Francisca Paris**.

Além das bibliotecas de bairro ou temáticas, com cerca de 4 mil títulos cada uma, e do Ônibus-Biblioteca, o Programa também inclui atividades de estímulo à leitura, como o Projeto Contadores de Histórias, implantado em setembro de 2002. Semanalmente, artistas vão às bibliotecas municipais espalhadas por vários bairros da cidade para ler um livro, usando recursos cênicos para estimular a imaginação e a fantasia das crianças.

Outro evento que vem ganhando destaque é a Feira Nacional do Livro de Ribeirão Preto. O evento é uma iniciativa da Prefeitura, da CBL (Câmara Brasileira do Livro) e da ANL (Associação Nacional de Livrarias), e conta com patrocínio da Petrobras, do Santander Banespa, da Telefônica, da Votorantim e de outras empresas. Segundo o presidente da comissão organizadora da Feira, **Galeno Amorim**, o investimento em 2003 foi de 1,3 milhão de reais, a maior parte de patrocínios e de empresas do mercado editorial.

Em 2003, a Feira recebeu 285 mil visitantes, dos quais 140 mil eram crianças.Paralelamente à exposição, foram realizadas mais de mil atividades culturais na área do evento e em museus, teatros, bibliotecas e auditórios do entorno, como encontros com personalidades das literaturas nacional e estrangeira, palestras, cinema, teatro e música. A Feira também teve espaço reservado para os educadores, que se reuniram no Fórum Nacional de Leitura para discutir formas de estimular a leitura e democratizar o acesso ao livro no Brasil.

Prefeitura de Ribeirão Preto – Secretaria de Educação
Rua Alto de São Bento, 11 – Jardim Mosteiro
CEP 14085-459 Ribeirão Preto-SP
Tels. (16) 3977-9124 e 3977-9100
Site: www.ribeiraopreto.sp.gov.br

Estado de São Paulo: o trabalho da Funap

No Estado de São Paulo, uma importante iniciativa de incentivo à leitura é desenvolvida pela Funap (Fundação Prof. Dr. Manoel Pedro Pimentel), vinculada à Secretaria de Estado da Administração Penitenciária.

A entidade coordena ações educativas em 80 presídios, oferecendo cursos regulares de ensino fundamental e médio e de Educação de Jovens e Adultos e disponibilizando bibliotecas à população prisional, que hoje reúne aproximadamente 108 mil detentos. As bibliotecas são administradas pelos próprios detentos, sob a coordenação da direção de educação de cada presídio.

Atualmente, a Funap mantém um quadro de 400 professores em todo o Estado, que atendem a cerca de 15 mil alunos matriculados. Alguns desses professores são presidiários já formados, que trabalham e recebem salários para ensinar a outros presos.

Para manter a rede escolar dos presídios, a Funap conta com parceria das secretarias municipais de educação e da Fundação Roberto Marinho. Parte dos recursos vem do Tesouro Público e do financiamento de projetos pela Secretaria Estadual de Educação e pelo Ministério da Justiça. A Funap também conta com recursos próprios, obtidos com a venda de móveis escolares e de escritório e com outros artigos confeccionados pelos próprios detentos nas unidades de produção mantidas nos presídios.

Segundo **Manoel Rodrigues Português**, gerente regional da Funap na Grande São Paulo e no Vale do Paraíba, uma das grandes dificuldades no momento é o acesso do preso ao livro. As bibliotecas mantidas pela Fundação encontram-se deficientes, porque dependem da doação de livros, em geral feita por editoras, universidades e até mesmo por pessoas que desejam colaborar com a instituição. Mas isso não tem sido suficiente para proporcionar um acervo com a quantidade e a qualidade necessárias para dar suporte a um trabalho mais efetivo de estímulo à leitura.

Funap
Rua Doutor Vila Nova, 268, 3º andar – Vila Buarque
CEP 01222-020 São Paulo-SP
Tels.: (11) 3150-1070, 3150-1057 e 3150-1067

Iniciativas da sociedade civil

Em todo o País, não faltam exemplos de programas de promoção da leitura nascidos por iniciativa da sociedade civil. São universidades, sindicatos, organizações não-governamentais, profissionais, especialistas e um verdadeiro exército de voluntários que atuam junto a comunidades de baixa renda, escolas, locais de trabalho, hospitais e presídios, trabalhando com organização e competência para facilitar o acesso aos livros e disseminar o hábito da leitura

Projeto Escola Zé Peão

Iniciado em 1991 por iniciativa do Sintricom (Sindicato dos Trabalhadores nas Indústrias daConstrução Civil) e da UFPB (Universidade Federal da Paraíba), o Projeto Escola Zé Peão conta com a participação de cerca de 3.500 operários e já formou mais de 100 educadores para o trabalho específico com jovens e adultos trabalhadores.

O Projeto é dirigido a operários da construção civil de João Pessoa (PB), que são, em grande parte, migrantes do meio rural em busca de melhores condições de vida nos grandes centros urbanos, recebem baixos salários e, na maioria dos casos, não têm a escolaridade básica. Um levantamento do Sintricom entre seus cerca de 5 mil filiados, no início da década de 1990, revelou que 60% deles não sabiam sequer assinar o nome, o que representa mais uma dificuldade na luta por melhores condições de trabalho para a categoria, na qual a participação do operário é indispensável.

Diante desse quadro, se delinearam os objetivos básicos do Projeto Escola Zé Peão. Além de alfabetizar, a idéia era proporcionar uma compreensão mais apurada e crítica da realidade social, capacitar os operários para reivindicarem seus direitos como trabalhadores e cidadãos e se qualificarem profissionalmente, aprimorar o entendimento do processo de ensino–aprendizagem no campo da alfabetização de jovens e adultos trabalhadores, além de contribuir nos campos prático e teórico com a formação e a capacitação de educadores de jovens e adultos.

Sob coordenação do Centro de Educação e Programa de Pós-Graduação em Educação Popular da UFPB, o Projeto é constituído de dois programas básicos: o APL (Alfabetização na Primeira Laje), para os operários que não têm domínio da leitura nem da escrita, e o TST (Tijolo sobre Tijolo), destinado aos operários com domínio elementar da leitura e da escrita. Para melhorar o acesso aos livros e estimular o gosto pela leitura, o Zé Peão conta com duas bibliotecas volantes, com acervo de 400 volumes, que circulam nas 27 salas de aula organizadas nos próprios canteiros de obra. Dois alunos bolsistas coordenam as bibliotecas e promovem, com os professores nas salas de aula, atividades pedagógicas para despertar o interesse pela leitura.

O Projeto inclui uma oficina de arte, um programa de atividades culturais e a produção do jornal *A Voz da Escola*, que aborda desde temas a serem trabalhados em sala de aula até informações sobre política, cultura, esportes, entretenimento, dicas de saúde e informes jurídicos. O Projeto Escola Zé Peão dedica atenção especial aos recursos didático-pedagógicos, elaborando, pesquisando e avaliando materiais produzidos por outras instituições e organizações preocupadas com a educação básica de jovens e adultos trabalhadores.

Por meio da parceria da UFPB com as redes de educação municipal e estadual, a estrutura teórico-metodológica do Projeto está sendo utilizada como modelo na implantação de um programa governamental para atender à demanda de jovens e adultos analfabetos na Paraíba. Serão vinte novas salas de educação de jovens e adultos, mantidas com recursos e infra-estrutura do Estado e utilizando a metodologia de alfabetização do Projeto Escola Zé Peão.

Mais que uma iniciativa isolada para melhorar os índices de alfabetização dos operários, o Projeto tem contribuído para aprofundar a discussão sobre o desenvolvimento dos programas, das experiências e da implementação de políticas públicas para a Educação de Jovens e Adultos nos âmbitos estaduais, regionais e nacional, por meio da participação de seus coordenadores no Fórum de Educação de Jovens e Adultos do Estado da Paraíba e na comissão temática que elaborou proposta para o setor no Plano Municipal de Educação de João Pessoa. "O Projeto defende uma política de EJA que traga uma ação efetiva de inclusão, numa proposta de educação que procure atender às necessidades de aprendizagem dos jovens e adultos, que, na sua grande maioria, foram excluídos da escola na idade própria e continuam tendo os seus direitos de cidadão prescritos", diz **Timothy Ireland**, professor da UFPB e coordenador do Projeto Escola Zé Peão.

PROJETO ESCOLA ZÉ PEÃO
UNIVERSIDADE FEDERAL DA PARAÍBA
PROGRAMA DE PÓS-GRADUAÇÃO EM EDUCAÇÃO
CENTRO DE EDUCAÇÃO – CÂMPUS I, CIDADE UNIVERSITÁRIA
CEP 58059-900 JOÃO PESSOA-PB
TELS.: (83) 216-7140, 216-7702 E 216-7713
SITE: www.ufpb.br

Viva e Deixe Viver

A idéia inicial dos contadores de histórias da Associação Viva e Deixe Viver era levar algum entretenimento por meio da leitura a crianças e adolescentes internados em hospitais. O trabalho, que começou em 1997, hoje conta com 370 voluntários capacitados e é reconhecido como um importante aliado dos médicos na recuperação dos jovens pacientes.

Com seis anos de atuação, a Viva e Deixe Viver atua em vinte hospitais de São Paulo, quatro em Salvador e dois em Recife. A atuação da ONG colocou-a na posição de referência para outras instituições, e, segundo **Valdir Cimino**, seu diretor-fundador, a idéia está se disseminando rapidamente. "Temos uma procura de 150 pessoas por mês interessadas em participar do Programa, mas nosso processo de seleção e capacitação só nos permite formar 100 voluntários por ano."

Além de sensibilidade para lidar com a delicada condição física e emocional dos pacientes, muitos internados em unidades de terapia intensiva e quartos de isolamento, o voluntário também precisa saber escolher a leitura apropriada e ter talento para contar histórias de forma prazerosa, aliviando a tensão. O trabalho dos voluntários é acompanhado pelo conselho consultivo da ONG, formado por escritores e especialistas em atividades lúdicas.

As atividades da Associação Viva e Deixe Viver contam com patrocínio da Colgate e da Mahle Metal Leve. Também recebem apoio de editoras, que doam livros para o acervo das bibliotecas instaladas nos hospitais, e de outros 68 parceiros que colaboram com serviços diversos.

Recentemente, o trabalho da Associação foi objeto de uma pesquisa, desenvolvida na Faculdade de Psicologia da Unicamp (Universidade Estadual de Campinas). O estudo mostrou uma importante mudança no estado emocional das crianças e dos adolescentes e em sua percepção em relação à internação depois da visita dos contadores de histórias. De início, os pacientes pesquisados sentiam a situação de hospitalização como agressiva, pois os afastava de seu ambiente familiar e os colocava em contato com sua doença e suas fragilidades, provocando angústia, tensão, medo e os sentimentos de impotência e fraqueza. Após a atividade com os contadores de histórias, segundo o estudo, os pacientes passaram a fazer maior uso de seus recursos afetivo-emocionais, e, conseqüentemente, a hospitalização passou a ser encarada de forma mais positiva.

A experiência dos contadores de histórias foi relatada no livro *Viva e Deixe Viver: histórias de quem conta histórias*, recentemente lançado pela Editora Globo, escrito pela jornalista Maria Helena Gouveia e sob coordenação de Valdir Cimino. O livro também apresenta as metodologias do trabalho e do treinamento dos voluntários, além de estudos acadêmicos de humanização hospitalar, histórias novas para contar às crianças e uma relação de sites ligados ao tema.

ASSOCIAÇÃO VIVA E DEIXE VIVER
RUA MINISTRO FERREIRA ALVES, 136 – PERDIZES
CEP 05009-060 SÃO PAULO-SP
TEL.: (11) 3865-2613
SITE: www.vivaedeixeviver.org.br

Proler Carcerário

Há onze anos um trabalho cuidadoso e delicado vem abrindo uma porta a pessoas que se encontram privadas do convívio social, cumprindo pena em presídios na Bahia. O Proler Carcerário é um programa de incentivo à leitura e à produção de textos autobiográficos e ficcionais, desenvolvido pela UESB (Universidade Estadual do Sudoeste da Bahia) nos municípios de Vitória da Conquista e Jequié, com apoio da Secretaria de Justiça e Direitos Humanos do Estado da Bahia e do Proler (Programa Nacional de Incentivo à Leitura).

O Proler Carcerário conta com a infra-estrutura de programas de educação mantidos pelas prefeituras e com voluntários da Pastoral Carcerária. Segundo **Heleusa Figueira Câmara**, professora da UESB e coordenadora do Programa, o primeiro passo do trabalho com os detentos é ouvir o que eles têm a dizer. "Eles geralmente não têm oportunidade de relatar suas histórias, dizer o que pensam e o que sentem", afirma. "Quando são chamados a prestar depoimentos, têm de se limitar a responder às perguntas frias do juiz. Além disso, as relações no presídio são sempre muito tensas, e quase não há espaço para a livre expressão."

O segundo passo é incentivar os detentos a se expressarem por meio da escrita. "Assim que começam a escrever, geralmente vem o interesse pela leitura, principalmente de histórias que têm algo em comum com sua história pessoal", conta Heleusa.

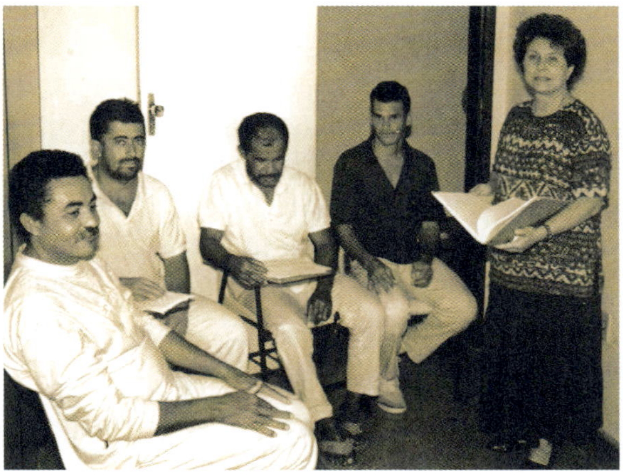

É nesse momento que o Proler Carcerário disponibiliza os livros, sempre de acordo com o interesse de cada um. Um fato comum durante a escrita é o interesse pela grafia correta das palavras. "O dicionário é um dos pedidos mais freqüentes", diz. Os textos produzidos pelos detentos são digitados e corrigidos pelos voluntários do Programa. Segundo Heleusa, os detentos ficam muito surpresos e satisfeitos quando vêem seus textos digitados e corrigidos. "Isso faz com que se sintam tratados com uma dignidade à qual eles imaginam não ter direito."

De 1993 a 1998, o Proler Carcerário publicou quatro livros escritos por detentos. Para esses autores, a sensação de ver publicadas as suas lembranças de infância e da dura realidade da prisão parece um sonho. "Eles afirmam que precisam pegar os originais e reler várias vezes para acreditar que é possível escrever um livro", conta Heleusa. "Dizem que comprarão esses livros para mostrar a seus filhos que nos presídios também há homens que escrevem livros."

Em sua dissertação de mestrado, publicada posteriormente como *Além dos muros e das grades: discursos prisionais,* Heleusa Câmara analisa a evolução do processo de escrita dos internos, a revelação de seu talento e a força terapêutica da leitura e da escrita no resgate da auto-estima e da esperança de uma vida melhor.

"AQUI DENTRO, ESTOU TORNANDO-ME, EU DIRIA... SEI LÁ, DIFERENTE. ACHO QUE INTELIGENTE, NÃO QUE EU FOSSE UM BURRÃO, MAS É MINHA VISÃO DO MUNDO, COMO EU VEJO AS COISAS AGORA, E COMO ERA ANTES, NÃO SOU MAIS 'SALLES SURFISTA', AGORA EU SOU 'SALLES PRESIDIÁRIO'. ESTOU MAIS MAGRO, DEIXEI CRESCER A BARBA, MEU FUTURO É UMA QUANTIDADE INFINITA DE INCERTEZAS, NÃO SEI COMO VOU ESTAR AMANHÃ. AQUI A GENTE SEMPRE TEM SURPRESAS, NÃO SEI COMO VOU GANHAR A VIDA QUANDO SAIR E NÃO ESTOU A FIM DE SABER, NÃO ESTOU A FIM DE PASSAR NENHUMA LIÇÃO DE COMO VIVER. NÃO QUERO QUE AS PESSOAS ME ENCAREM COMO UM RAPAZ QUE, APESAR DE ESTAR PRESO, TRANSMITE ALGUM TIPO DE SENTIMENTO OU FORÇA. NÃO SOU MODELO PARA NINGUÉM, MUITO PELO CONTRÁRIO, MAS NÃO VEJO NO ESPELHO UM 'BANDIDO MARGINAL', VEJO UM JOVEM QUE ERROU E TEM CONSCIÊNCIA DISTO, E SABE QUE FOI INJUSTIÇADO EM SUA SENTENÇA. SOU VÍTIMA DO DESTINO QUE NÓS NÃO ESCOLHEMOS. ACONTECEU COMIGO, INJUSTAMENTE, MAS ACONTECEU. É FODA, MAS QUE JEITO...

HOJE EM DIA ME PERGUNTO SE PREFERIRIA ESTAR MORTO, NÃO SEI, NEM QUERO SABER, SÓ SEI QUE NAS NOITES DE INSÔNIA, LEMBRO UM GAROTO CHEIO DE VIDA, COM UM FUTURO FEITO; FEZ UMA VIAGEM COM UNS CARAS ESQUISITOS E...

PIMBA! ESTOU PRESO HA (20) VINTE MESES E CONDENADO A 23 ANOS."

ROSIELES RAMOS SALES*, DEPOIMENTO REDIGIDO EM 27/1/1994.

* Pedreiro, eletricista, agente de serviços gerais, surfista e escritor, nasceu em Santa Inês (BA) em 2 de setembro de 1971 e faleceu em setembro de 1994, ao ser recapturado após uma fuga ocorrida no Presídio Regional de Vitória da Conquista.

PROLER CARCERÁRIO
UNIVERSIDADE ESTADUAL DO SUDOESTE DA BAHIA
ESTRADA DO BEM-QUERER, KM 4 – CAIXA POSTAL 95
CEP 45000-000 VITÓRIA DA CONQUISTA-BA
TEL.: (77) 424-8600
SITE: www.uesb.br

Ações da iniciativa privada

Pelos mais variados motivos e interesses, muitas empresas têm investido em educação. Muitas delas desenvolvem seus próprios programas, outras estabelecem parceria com entidades da sociedade civil, como as ONGs e as universidades, permitindo a implantação de novos projetos ou a expansão de programas já em andamento

Leituras Compartilhadas

A Repar (Refinaria Presidente Getúlio Vargas), unidade da Petrobras no Paraná, desenvolveu um projeto próprio de incentivo à leitura. Em 2001, criou o Programa Caminhões de Leitura, uma espécie de biblioteca ambulante. Em 2002, a compreensão de que não bastava disponibilizar livros para estimular o hábito da leitura motivou uma reformulação geral na proposta, tornando-a mais abrangente.

Hoje chamado Leituras Compartilhadas, o programa da Petrobras-Repar está focado na capacitação de professores da rede pública para atuação na comunidade como promotores da leitura. "Como diz Ana Maria Machado, 'antes do aluno, é preciso que o professor desenvolva o gosto pela leitura'", diz o coordenador do Programa, **Paulo Penha de Souza**. A iniciativa atende a 75 escolas dos municípios de Araucária, Balsa Nova e Contenda, no Paraná, envolvendo 35 mil alunos da rede pública municipal e estadual. Este ano, o Leituras Compartilhadas ofereceu oficinas de leitura a quatro turmas, num total de 120 professores.

Desenvolvidas por especialistas nas áreas de literatura e pedagogia, as oficinas pedagógicas oferecidas aos professores baseiam-se em cadernos temáticos, elaborados especialmente para o Programa. Cada caderno traz vários textos literários sobre um único tema, proporcionando uma leitura diversificada sobre o assunto. Já foram abordados temas como sonhos, amizades, viagens, mares, rios, desejos. Alguns textos são extraídos de obras literárias já publicadas, outros são escritos exclusivamente para o Programa, por renomados autores brasileiros, como Augusto de Campos, Luís Fernando Veríssimo, Marina Colassanti, Roberto Damatta, Amélia Lacombe, Vera Lins e Zuenir Ventura.

As oficinas também incluem atividades lúdico-pedagógicas desenvolvidas por especialistas e vários eventos direcionados aos alunos, como o encontro com contadores de histórias, grupos teatrais e de dança. Além disso, a empresa mantém três bibliotecas, uma em cada município participante do Programa, que são freqüentemente visitadas pelos alunos da região. "Para esses jovens, os momentos de leitura são também uma oportunidade para passear e participar de atividades recreativas", diz Paulo Penha.

A programação deste ano foi encerrada em setembro com o 1º Encontro de Educação da Repar, que teve como tema "As diferentes formas de ler o mundo". Durante o evento, foram premiadas as 15 melhores redações inscritas no concurso anual de redações promovido pelo Programa. O tema escolhido, "Se essa história fosse minha", levou os alunos a se inspirarem em contos clássicos, como *Três Porquinhos*, *Branca de Neve*, para criar suas próprias histórias, introduzindo modificações de acordo com sua imaginação. Três alunos com deficiência visual receberam menção honrosa por terem participado com redações em braile. "O retorno que obtivemos com essas atividades confirma que estamos atingindo nosso objetivo", diz Penha. "Agora estamos planejando produzir um livro com as 60 melhores redações."

Leituras Compartilhadas
Petrobras-Repar (Refinaria Pres. Getúlio Vargas)
Rodovia do Xisto, BR-476, Km 16 – Caixa Postal 9
CEP 83700-970 Araucária-PR
Tel.: (41) 641-2333

Escola que Vale

Formar leitores é uma das mais importantes atribuições da escola. Para contribuir com essa missão, a Fundação Vale do Rio Doce e o Cedac (Centro de Documentação para a Ação Comunitária) criaram o Escola que Vale, um programa de capacitação que envolve professores e toda a comunidade escolar. Nos últimos três anos, o Programa capacitou 588 professores, 66 diretores e 49 supervisores de 84 escolas públicas, envolvendo quase 18 mil alunos de 17 municípios dos Estados do Maranhão, de Minas Gerais, do Espírito Santo e do Pará.

A formação tem duração de quatro anos, mas, segundo **Regina Scarpa**, coordenadora pedagógica do Programa Escola que Vale do Cedac, nos primeiros meses já surgem mudanças importantes em relação à leitura. "Os três meses iniciais do Programa são totalmente voltados para a valorização da leitura. Com isso, logo no primeiro semestre, ela se torna uma prática diária na escola", afirma. O trabalho envolve a participação de toda a comunidade escolar – professores, diretor, supervisores, merendeiras, faxineiras e alunos, mesmo aqueles que estão nos primeiros anos de escolaridade, não importando se já completaram a alfabetização.

Nesse período inicial, a escola é orientada a desenvolver uma série de ações, como o empréstimo de livros para alunos, funcionários e toda a comunidade e a promoção de momentos de leitura, em que professor, diretor e outros funcionários lêem para os alunos. A escola também recebe orientação e livros para organizar seu próprio acervo. Mas o foco principal do Escola que Vale é a disseminação de uma didática inovadora, baseada em pesquisas científicas na área da educação.

"Hoje já se tem muito conhecimento do que funciona e do que não funciona na prática escolar. Sabe-se, por exemplo, que é preciso levar para a escola todas as práticas de leitura presentes na sociedade. Por isso, entre outras coisas, incentivamos o aluno a ler literatura pelo simples prazer de ler, e não para escrever um resumo ou um relatório", explica Regina. Os professores são orientados a tratar de forma diferenciada os diversos comportamentos dos leitores, ensinando aos alunos o que é ler para estudar (livros didáticos, enciclopédias), ler para se informar (jornais e revistas) e ler simplesmente por prazer (literatura).

Os resultados dessa didática, segundo Regina Scarpa, aparecem rapidamente. A maioria dos depoimentos dos coordenadores regionais do Programa mostra um sensível aumento no número de livros disponíveis nas bibliotecas, o aumento no empréstimo de livros, até mesmo por parte de funcionários, a troca de informações sobre livros e autores, a maior participação de pais na aprendizagem dos filhos, a maior valorização, por parte dos professores, da aprendizagem como processo e não como fim, além de mudanças qualitativas na escolha dos livros didáticos, do incremento de atividades envolvendo a leitura e de uma sensível melhora no aprendizado como um todo.

Escola que Vale – Cedac
Rua Gonçalo Afonso, 47
CEP 01451-010 São Paulo-SP
Tel.: (11) 3097-0573
Sites: www.cedac.org.br e www.escolaquevale.org.br

Ler é Preciso

Para desenvolver ações junto às comunidades de seu entorno, a Companhia Suzano Papel e Celulose criou, em 1999, a EcoFuturo, uma organização não-governamental que desenvolve programas voltados para o desenvolvimento sustentável, com o objetivo de gerar emprego e renda para as famílias por meio de projetos ancorados na preservação ambiental e na promoção de educação e cultura.

A partir de 2002, com a divulgação de pesquisas que alertavam para os altos índices de analfabetismo funcional entre a população brasileira, a EcoFuturo intensificou o investimento em projetos educacionais, especialmente no que se refere ao desenvolvimento das competências básicas necessárias à leitura. Com a criação do Programa Ler é Preciso, nos últimos dois anos a ONG implantou 23 bibliotecas comunitárias em municípios de São Paulo, da Bahia, do Rio de Janeiro, de Minas Gerais e do Maranhão, capacitando 400 promotores de leitura e auxiliares de biblioteca.

Com apoio da FNLIJ (Fundação Nacional do Livro Infantil e Juvenil), o Programa visa disponibilizar um acervo capaz de suprir demandas específicas de temas, de acordo com o interesse de cada comunidade. A ONG se encarrega da manutenção e do acompanhamento das bibliotecas durante cinco anos, até que elas se tornem auto-sustentáveis. A EcoFuturo ainda promove a capacitação de professores da região para que desenvolvam atividades de estímulo à leitura em sala de aula e concursos de redação, mobilizando alunos de quase 2 mil escolas.

Outro projeto da EcoFuturo é o Clube Ler é Preciso, que promove ações interativas com a comunidade envolvida nas ações do Programa Ler é Preciso para troca de experiências e aprendizados, palestras presenciais e pela internet, cursos dirigidos a professores, fóruns de discussões, além de disponibilizar artigos e livros para consulta e download no site www.ecofuturo.org.br. A EcoFuturo também criou o Selo Ler é Preciso, uma iniciativa que visa à captação de recursos do setor privado para a formação de um fundo de apoio a bibliotecas públicas comunitárias. O Programa é complementado pelo Fórum do Ler, por meio do qual especialistas de várias áreas trocam informações, e pelo Projeto Indicadores, em parceria com a FNLIJ, que visa à criação de um sistema de avaliação de processos e de impacto das ações da EcoFuturo junto às comunidades atendidas.

Ecofuturo
Av. Brigadeiro Faria Lima, 1.355, 10º andar
CEP 01452-919 São Paulo-SP
Tel.: (11) 3037-9557
Site: www.ecofuturo.org.br

Democratização da leitura e escolarização

O quadro revelado pelas recentes pesquisas acerca do analfabetismo absoluto e funcional aponta para uma urgente necessidade de se criar mecanismos para a democratização da leitura no Brasil, um problema estrutural que não se resolverá com disputas políticas por mais alguns centavos para a educação ou com um programa a mais para levar livros à periferia. O País precisa de uma política capaz de realizar mudanças profundas no sistema educacional e no acesso aos bens culturais

Esse é o ponto para o qual convergem as opiniões de **Ezequiel Teodoro da Silva**, fundador da ALB (Associação de Leitura do Brasil), e de **Luiz Percival Leme Britto**, atual presidente da entidade que organiza o maior evento brasileiro sobre leitura, o Cole (Congresso de Leitura do Brasil). O congresso nasceu, em 1978, exatamente com o objetivo de discutir ações para a democratização da leitura no País. Naquela época, segundo Ezequiel, fundador do Cole e professor voluntário da Faculdade de Educação da Unicamp, ainda era pequeno o número de pesquisas sobre o tema. Mesmo assim, a quantidade de participantes surpreendeu – o primeiro Cole reuniu cerca de 300 pessoas. Já no ano seguinte, o público cresceu tanto que não havia lugares para acomodar todo mundo.

Em 2003, em sua décima terceira versão, o congresso já se tornou um megaevento, com grandes conferências, inúmeros seminários e eventos paralelos que atraem um contingente de 4 mil participantes inscritos e a apresentação de aproximadamente mil trabalhos. "É o maior fórum de reflexão crítica de leitura no Brasil", diz o professor, hoje presidente de honra da ALB, e organizador do congresso no período de 1978 a 1993. "Sempre com a perspectiva de luta e denúncias embasadas em pesquisas científicas, o Cole hoje reúne um número exponencial de estudos inscritos", comemora. Das reflexões feitas ao longo das últimas três décadas, resultam críticas bastante ácidas. "Não é de hoje que denunciamos a falta de infra-estrutura para a leitura no País", diz o professor Ezequiel. "De nada adianta essa política caolha de mandar livros para as escolas se não há espaço e estrutura adequados para bibliotecas, se falta um profissional para organizar esse acervo, se o livro chega na escola e não provoca uma dinâmica produtiva."

Na opinião do especialista, o problema não será resolvido com medidas paliativas, mas com um grande investimento em educação, tanto na formação continuada dos professores quanto na montagem de uma estrutura sólida, não improvisada, para as escolas públicas. "A dívida social dos governos para com a educação é imensa, e hoje nós precisamos de um investimento muito alto para suprir as carências do País. Enquanto persistir essa política, a escola nunca será mais que um depósito de crianças", alerta.

Luiz Percival Leme Britto, lingüista e professor do programa de pós-graduação em Educação da Universidade de Sorocaba, atual presidente da ALB e organizador do Cole desde 1995, não é menos contundente: "Os chamados programas de promoção de leitura nos últimos trinta anos no Brasil, todos eles, na verdade, são programas de promoção da literatura. O que se supõe é a projeção de um modelo de vida ligado às classes médias urbanas e uma crença de que os hábitos de leitura trariam algum benefício social significativo. Eu acho que o eixo que permeia todos esses programas é limitado e não tem trazido nenhum resultado substancial, nem para a educação da população brasileira, em particular para as populações pobres, nem para a melhoria do próprio debate político e social sobre a leitura".

Na análise de Luiz Percival, o primeiro grande trabalho a se fazer é desviar esse eixo. "O eixo fundamental tem de ser a escolarização, e o segundo grande eixo, o da participação popular. Isso não se faz com programas genéricos de promoção de leitura, mas com ações orgânicas e sistemáticas, em que se constroem canais de participação da população brasileira, seja em sindicatos, comunidades de bairros, etc. Portanto, o grande debate que se coloca no Brasil não é o debate de promoção da leitura, é o debate da escolarização e da educação. O grande tema é o letramento, não a leitura", declara.

Um tanto cético também em relação aos programas de estímulo à leitura desenvolvidos pela iniciativa privada e por organizações não-governamentais, o especialista afirma que, apesar das boas intenções dessas ações terem um efeito importante na medida em que promovem a intervenção no entorno social, a maioria não interfere significativamente nos processos de produção da exclusão. "Como existe fortemente arraigado na sociedade o ponto de vista ideológico de que leitura em si é um valor, é um bem, então ela se coloca muito próxima a um conjunto de valores em que se misturam cidadania e caridade. Com diferentes ênfases e enfoques, a maioria desses programas ora tende para a questão da cidadania, ora para a da caridade. E muitas vezes a caridade está disfarçada de promoção da cidadania ou de solidariedade. Muitos desses programas têm forte caráter elitista, autoritário e caritativo."

Para Percival, também é equivocada a crença de que a leitura seria capaz de gerar maior participação popular. "Na verdade, as pessoas não lêem para participar, elas participam, porque precisam de novas reflexões, de novos caminhos ou porque se identificam com novas coisas é que vão ler. A leitura é produto da participação e não condição de participação", afirma. "Em geral, esses programas não fazem a crítica às estruturas sociais, mas investem em indivíduos que seriam transformados a partir da convivência com as ações do programa. E, sem interferir nos processos de produção de exclusão, não há inclusão possível."

Na opinião do especialista, que faz parte da equipe técnica de assessoria do PNBE, os programas governamentais, como o Proler e o PNBE, também não apresentam resultados substanciais. "Além da insuficiência de recursos, falta uma política de Estado sistemática e orgânica que viabilize ações mais integradas", diz. Ele reconhece que, graças ao PNBE, hoje muitas obras da literatura brasileira estão circulando por lugares que antes quase não tinham acesso a qualquer tipo de leitura. No entanto, ele julga que essa é uma ação isolada, que precisa ser combinada com outras iniciativas em uma política geral de investimento, tanto em arte como em educação.

Paralelamente a uma política de escolarização, Luiz Percival enfatiza a necessidade de uma política cultural mais consistente e abrangente. "O Estado tem um papel fundamental no financiamento da produção e da circulação da arte e até mesmo na formação das pessoas que vão ter acesso a essas formas de arte. Aí, sim, inclui-se a literatura, assim como a pintura, o cinema, o teatro, a dança e outras tantas formas de arte", conclui.

Além disso...

Com o objetivo de contribuir para o aprofundamento da reflexão sobre as questões relativas à leitura no Brasil, reunimos aqui indicações sobre instituições que desenvolvem projetos de incentivo à leitura, grupos que se dedicam ao estudo desse assunto e organizações que disponibilizam acervos impressos e audiovisuais, além de dicas de sites que tratam do tema.

Sabemos que, em todo o País, inúmeros grupos e instituições se dedicam a essa temática. Por isso, não pretendemos oferecer aos interessados um mapeamento completo, mas apenas alguns pontos de partida.

Instituições e projetos

Abrelivros (Associação Brasileira dos Editores de Livros)

Entidade civil sem fins lucrativos que congrega editoras de livros educativos. Serviços oferecidos: banco de dados sobre os programas oficiais de aquisição de livros; seminários e encontros técnicos; acervo com pesquisas, documentos e fitas de vídeo; apanhado eletrônico de notícias de interesse do setor; criação de cartazes e livretes visando à valorização do livro e do hábito de leitura.

R. Turiaçu, 143, conjs. 101 e 102 – Barra Funda
05005-001 São Paulo-SP
(11) 3826-9071 e 3666-2801
abrelivros@abrelivros.org.br
www.abrelivros.org.br

Ação Educativa

Desde 2001 realiza, em parceria com o Instituto Paulo Montenegro, o Indicador Nacional de Alfabetismo Funcional. Edita publicações que abordam a aprendizagem, a prática, o estímulo e o desenvolvimento da leitura, como a coleção didática Viver e Aprender. Mantém um centro de documentação que, entre outros materiais, oferece gratuitamente para consulta trabalhos sobre leitura.

R. General Jardim, 660 – Vila Buarque
01223-010 São Paulo-SP
(11) 3151-2333
acaoeduca@acaoeducativa.org
www.acaoeducativa.org

ALB (Associação de Leitura do Brasil)

Seu objetivo é promover o debate crítico sobre a leitura, desenvolvendo estudos e pesquisas, organizando seminários e congressos, publicando livros e revistas. Congrega pessoas interessadas no estudo e na discussão de questões relativas à leitura, nos seus aspectos teóricos e práticos. Organiza o Cole (Congresso de Leitura do Brasil), maior evento sobre o tema no País.

Unicamp
Caixa Postal 6117 – 13083-970 Campinas-SP
(19) 3289-4166 e 3788-7960
www.alb.com.br

CBL (Câmara Brasileira do Livro)

Entidade independente que atua junto a instituições e órgãos governamentais apoiando o incentivo à leitura e a democratização do acesso ao livro. Reúne editores, livreiros, distribuidores e crediaristas e desenvolve uma série de atividades e eventos, para difundir a produção editorial brasileira. Em seu calendário permanente de atividades constam a Bienal Internacional do Livro de São Paulo, o Prêmio Jabuti, a Escola do Livro e a organização de feiras nacionais e internacionais.

R. Cristiano Viana, 91 – Jardim Paulista
05411-000 São Paulo-SP
(11) 3069-1300
www.cbl.org.br

CCLF (Centro de Cultura Luiz Freire)

ONG que atua nas áreas de educação, desenvolvimento local e comunicação. Um de seus principais focos é a formação de educadores leitores. Entre outras ações, coordena a Rede de Educação e Leitura, realiza os projetos Quartas Literárias e Núcleo de Jovens Leitores. Edita o boletim trimestral *Asas da Palavra*.

R. 27 de Janeiro, 181 – Carmo
53020-020 Olinda-PE
(81) 3301-5241
cclf@cclf.org.br

Ceale (Centro de Alfabetização, Leitura e Escrita)

Órgão da Faculdade de Educação da Universidade Federal de Minas Gerais. Desenvolve dois projetos de leitura: Páginas Tantas, Guia de Leitura, proposta de ampliação das referências literárias dos professores e alunos do ensino básico, e o Pró-Leitura, que oferece a professores de diversas disciplinas e bibliotecários a oportunidade de discussão teórica e ampliação do repertório de vivências de práticas de leitura e de produção de texto, articuladas às práticas sociais e escolares do letramento.

Av. Antônio Carlos, 6.627 – Pampulha
31270-901 Belo Horizonte-MG
(31) 3499-5333
www.fae.ufmg/ceale

Cenpec (Centro de Estudos e Pesquisas em Educação, Cultura e Ação Comunitária)

A ONG coordena o Programa Escrevendo o Futuro, voltado para o desenvolvimento da escrita no ensino fundamental de escolas públicas. O Projeto Entre na Roda orienta educadores sobre como trabalhar a leitura no ambiente escolar e na comunidade. E o Clube da Correspondência estimula a produção de textos para correspondência entre professores e técnicos do primeiro ciclo do ensino fundamental.

R. Dante Carraro, 68 – Pinheiros
05422-060 São Paulo-SP
(11) 3816-0666
info@cenpec.org.br
www.cenpec.org.br

Centro de Referência em Educação Mário Covas

Criado pela Secretaria de Estado da Educação de São Paulo, dispõe de um acervo documental que pode ser consultado na sede ou acessado pelo site. No menu Temas Pedagógicos do site, é possível conferir artigos e links que abordam a questão da leitura e da literatura.

Av. Rio Branco, 1.260 – Campos Elíseos
01206-000 São Paulo-SP
(11) 3334-0311, 3334-0065, 3334-0666 e 3334-0100
cremariocovas@see.sp.gov.br
www.crmariocovas.sp.gov.br

Cinema e Vídeo Brasileiro nas Escolas

Projeto desenvolvido pela Ação Educativa com apoio da Fundação Abrinq e da Natura Cosméticos, realiza cursos e oficinas, implementa acervos de videoteca e organiza mostras temáticas em escolas públicas de periferia. Entre outros materiais, o acervo de filmes é composto por 40 obras adaptadas da literatura brasileira.

R. General Jardim, 660, 6º andar, sala 62 – Vila Buarque
01223-010 São Paulo-SP
(11) 3151-2333 ramal 175
cinemanaescola@hotmail.com

Expedição Vagalume

Consiste na implantação de bibliotecas infantis na região amazônica para incentivar a leitura, contribuir para a formação dos professores da rede pública, consolidar a escola como espaço público de referência e convivência e valorizar elementos da cultura local.

R. Purpurina, 155, cj. 46 – Vila Madalena
05435-030 São Paulo-SP
(11) 3032-6032
www.expedicaovagalume.org.br

FDE (Fundação para o Desenvolvimento da Educação)

Órgão ligado ao governo do Estado de São Paulo, produz e vende vídeos com desconto de 20% para professores da rede pública e instituições sem fins lucrativos. Entre outros títulos, destacam-se *Palavra de leitor* (19 min.), *Por trás das letras* (170 min.), *O desafio da leitura e a contribuição da literatura infantil* (170 min.), *Leitura e aprendizagem* (200 min.).

R. Rodolfo Miranda, 636 – Bom Retiro
01121-010 São Paulo-SP
(11) 3327-4000
fde@fde.sp.gov.br
www.fde.sp.gov.br

FNLIJ (Fundação Nacional do Livro Infantil e Juvenil)

Criada em 1968 para promover a leitura e a divulgação de livros de qualidade para crianças e jovens, desenvolve ações de formação de professores e bibliotecários, além da leitura e da seleção de livros para crianças e jovens. Dispõe de significativo acervo sobre literatura infantil e juvenil.

R. da Imprensa, 16, 12º andar – Centro
20030-120 Rio de Janeiro-RJ
(21) 2262-9130
informacao@fnlij.org.br
www.fnlij.org.br

GT Alfabetização, Leitura e Escrita da Anped (Associação Nacional de Pós-Graduação e Pesquisa em Educação)

Criado em 1983, o GT já passou por várias denominações (Educação e Linguagem, de 1983 a 1986, Alfabetização, de 1987 a 1994 e Alfabetização, Leitura e Escrita, a partir de 1995). Vem se consolidando como instância de discussão de conhecimentos no campo científico sobre as relações entre língua escrita e educação, para além da questão da alfabetização.

Coordenadora do GT: Profª Francisca Isabel P. Maciel
(31) 3499-5333 / 5335
fpmaciel@fae.ufmg.br

IBL (Instituto Brasil Leitor)

Consórcio formado por um grupo de empresas e profissionais das áreas de leitura e educação. Tem como missão desenvolver projetos apoiados em instituições de massa, como escolas, clubes e associações, implantando bibliotecas para expandir o uso e a familiaridade com livros, jornais, revistas e computadores entre jovens, crianças, famílias e professores, sobretudo em grandes periferias.

R. Cardoso de Almeida, 2.263 – Perdizes
01251-001 São Paulo-SP
(11) 3871-5032 e 3872-8845
brasilleitor@uol.com.br
www.brasilleitor.org.br

IEL (Instituto de Estudos de Linguagem)

Ligado à Unicamp, disponibiliza em seu site o Projeto Memória de Leitura, oferecendo um bom acervo sobre produção e leitura de textos literários, ensino de línguas, educação indígena, comércio livreiro, biografias e romances. Destaque para a Linha do Tempo, com dados cronológicos relativos a literatura, iconografia, livros infantis e didáticos.

R. Sérgio Buarque de Holanda, 571
Caixa Postal 6045
13084-971 Campinas-SP
www.unicamp.br/iel/memoria

Instituto Itaú Cultural

Oferece cursos para educadores em vários Estados, produz livros, CDs, CDs-ROM, vídeos, caixas de cultura, entre outros, para distribuição gratuita em instituições de educação e cultura. Alguns produtos são desenvolvidos especialmente para educadores. Os materiais podem ser consultados na sede, em São Paulo.

Av. Paulista, 149 – Bela Vista
01311-000 São Paulo-SP
(11) 3268-1700
www.itaucultural.org.br

Leia Brasil

Desenvolve um programa de bibliotecas volantes e formação pedagógica especializado no incentivo e na promoção da leitura como ferramenta de combate ao analfabetismo funcional. Além do empréstimo de materiais, realiza cursos, oficinas e formação continuada para educadores, bibliotecários e outros agentes de leitura. Armazena e divulga informações sobre a promoção da leitura.

Praia do Flamengo, 100, conj. 902 – Flamengo
22210-030 Rio de Janeiro-RJ
(21) 2245-7108
leiabrasil@leiabrasil.org.br
www.leiabrasil.org.br

Proale (Programa de Alfabetização e Leitura)

Ligado à Faculdade de Educação da Universidade Federal Fluminense, desenvolve três vertentes que se complementam: atualização e aperfeiçoamento de professores da rede pública; dinamização de centros de leitura e escrita; e publicações e tecnologias em apoio à formação do professor leitor.

Faculdade de Educação
Câmpus Gragoatá, bloco D, sala 301
24210-350 Niterói-RJ
www.uff.br/facedu/prog.htm

Proler (Programa Nacional de Incentivo à Leitura)

Criado pelo Ministério da Cultura, articula e promove ações para despertar o interesse nacional pela leitura e a formação do educador leitor. Tem parcerias com 40 comitês distribuídos em 17 Estados do País. Todo cidadão pode integrar a Rede Proler solicitando adesão ao Programa.

R. Pereira da Silva, 86 – Laranjeiras
22221-140 Rio de Janeiro-RJ
(21) 2556-5978, 2556-5926 e 2556-6734
www.cultura.gov.br/progs/proler/proler.htm

Sesc (Serviço Social do Comércio)

Em suas várias unidades espalhadas pelo Brasil, desenvolve o Programa O Prazer Literário, destinado à produção e à recepção de textos literários, privilegiando não só a qualidade artística, como também a formação de senso crítico. Inclui oficinas literárias e feiras de livros que buscam congregar autores, leitores, educadores e pais.

R. Voluntários da Pátria, 169 – Botafogo
22270-000 Rio de Janeiro-RJ

Snel (Sindicato Nacional dos Editores de Livros)

Tem como finalidades o estudo e a coordenação das atividades editoriais no Brasil, bem como a proteção e a representação legal da categoria de editores de livros e publicações culturais. Possui um portal (www.portaleditorial.com.br) que serve como espaço de relacionamento entre editoras, livrarias, distribuidores e órgãos governamentais. Oferece notícias, estudos e pesquisas.

Av. Rio Branco, 37, sala 1504 – Centro
20090-003 Rio de Janeiro-RJ
(21) 2233-6481
snel@snel.org.br
www.snel.org.br

Sites

www.amigosdolivro.com.br

Espaço de estudo, pesquisa, divulgação e promoção do livro e do hábito da leitura. Indica sites de autores, profissionais e empresas do ramo editorial, livrarias, editoras, gráficas, distribuidoras, entidades do livro, sindicatos, grupos e academias de letras, jornais, revistas, informativos e boletins, bibliotecas, concursos, prêmios, links e serviços.

www.aticaeducacional.com.br

A Editora Ática oferece aos professores cadastrados um serviço de apoio ao trabalho em sala de aula com a utilização de roteiros para projetos pedagógicos de livros infantis e juvenis. Também apresenta a Coleção Construindo a Escrita, disponível para todos os usuários.

www.autoriaecia.com.br

Criado para abrir um espaço aos leitores que querem conversar sobre suas leituras e às pessoas que gostam de escrever, é uma boa pedida para educadores e contadores de histórias.

www.bibvirt.futuro.usp.br

A Biblioteca Virtual da Universidade de São Paulo estimula o interesse pela leitura e oferece recursos educacionais úteis para estudantes e professores. Compõe-se basicamente por três partes: o acervo, uma área de atividades e uma seção com sugestões para fontes de pesquisa.

www.capitu.com

Dedicado aos interessados em literatura brasileira, reúne notícias, trechos de livros, artigos e grupos de discussão sobre obras literárias e práticas de leitura.

www.companhiadasletras.com.br

A Sala do Professor possibilita consultas a artigos sobre práticas pedagógicas e indicações bibliográficas (Caderno de Leituras), o relato de experiências de profissionais de educação e seus projetos pedagógicos (Sua Experiência) e uma lista de sites dedicados à educação, formação de leitores, livros e literatura.

www.docedeletra.com.br

Contém links e informações sobre eventos, profissionais e práticas de leitura e literatura infanto-juvenil. Divulga uma rede de contadores de histórias e abre espaço para o fórum de debates sobre escritores, ilustradores e livros.

www.educarede.org.br

A seção "O Assunto" traz vários textos teóricos, propostas didáticas e sugestões de práticas de atividades que envolvem o estímulo à leitura em várias disciplinas na sala de aula. Indica bibliografia infanto-juvenil e para os educadores.

www.inep.gov.br

No site do Instituto Nacional de Estudos e Pesquisas Educacionais do MEC existe uma biblioteca virtual e referências bibliográficas com vários trabalhos sobre o processo de leitura.

Publicações

Alfabetização e Cidadania –Revista de Educação de Jovens e Adultos

São Paulo, n. 12, julho de 2001

Nesta edição, a revista da Raaab (Rede de Apoio à Ação Alfabetizadora do Brasil) traz uma coletânea de textos dedicada à leitura, que trata educandos e educadores como sujeitos capazes de se moverem pelos processos constituintes do ato de ler, de refazer o percurso do autor e de trabalhar o texto no sentido de compreendê-lo e de ressignificá-lo.

www.acaoeducativa.org

www.raaab.org.br

Aprender e ensinar com textos

MICHELETTI, Guaraciaba; PERES, Letícia Paula de Freitas; GEBARA, Ana Elvira Luciano.

São Paulo: Cortez, 1997

A coleção teve início com uma trilogia que apresenta os resultados da pesquisa "A circulação dos textos na escola", trabalho que teve como objetivo estudar as práticas referentes à leitura e à produção de textos verbais, assim como indagar sobre o tipo de relação que as escolas mantêm com as linguagens dos veículos de comunicação de massa.

Contra o consenso: cultura escrita, educação e participação

BRITTO, Luiz Percival Leme. Campinas: Mercado de Letras, 2003

O autor argumenta que o poder alienante das práticas lingüísticas se realiza justamente quando elas são apartadas da prática social, descrevendo a linguagem como elemento integrado a um mundo material e humano feito de relações desiguais e problemáticas.

Estratégias de leitura

SOLÉ, Isabel. Porto Alegre: ArtMed, 1998

Aborda diferentes formas de trabalhar com o ensino da leitura. Seu propósito principal é estimular nos alunos a utilização de estratégias que permitam interpretar e compreender de forma autônoma os textos lidos. Enfatizando que o ato de ler é um processo complexo, a autora o localiza em uma perspectiva construtivista da aprendizagem.

A formação da leitura no Brasil

LAJOLO, Marisa; ZILBERMAN, Regina. São Paulo: Ática, 1998

Traça a história da literatura na perspectiva do leitor e da leitura. Com base em situações concretas de produção e recepção de textos, aborda os múltiplos aspectos do universo da escrita e da leitura no Brasil. Os personagens são os escritores e editores, os mecenas e críticos, os livreiros e intelectuais, tendo como protagonista o leitor.

A importância do ato de ler em três artigos que se completam

FREIRE, Paulo. São Paulo: Cortez, 1994

Parte da Coleção Questões da Nossa Época, este livro trata do processo da leitura e da escrita sob o ângulo da luta política.

Inaf (Indicador Nacional de Alfabetismo Funcional)

Desenvolvida pela Ação Educativa e pelo Instituto Paulo Montenegro, a pesquisa é divulgada desde 2001, quando apresentou dados sobre a capacidade de leitura e escrita dos brasileiros. Em 2002, trouxe resultados sobre a capacidade de cálculo aplicada ao cotidiano. Em 2003, retomou o estudo sobre leitura e escrita.

www.acaoeducativa.org

www.ipm.org.br

Leitura rarefeita: leitura e livro no Brasil

LAJOLO, Marisa; ZILBERMAN, Regina. São Paulo: Ática, 2002

Como a literatura se constitui em prática social num país periférico e dependente como o Brasil, que ainda não completou seu processo de aburguesamento? As autoras mostram o lento e difícil desabrochar de uma consciência literária no País e a árdua criação dos mecanismos de produção e circulação de obras literárias.

Leitura e interdisciplinaridade: tecendo redes nos projetos da escola

KLEIMAN, Angela B.; MORAES, S. E. Campinas: Mercado das Letras, 1999

Discute propostas de atividades com leitura baseadas na observação direta do cotidiano da escola. Apresenta sugestões práticas de organização do trabalho escolar de modo a superar a fragmentação, a alienação e o individualismo.

Letramento no Brasil

RIBEIRO, Vera Maria Masagão. São Paulo: Global/Ação Educativa/Instituto Paulo Montenegro, 2003

Reúne doze artigos de especialistas em educação e leitura, com dados inéditos e uma visão aprofundada do problema do analfabetismo no País.

Oficina de leitura. Teoria e prática

KLEIMAN, Angela B. Campinas: Editora da Unicamp, 1993

Trata das concepções de texto e leitura que subjazem às práticas de sala de aula. Propõe uma estratégia de leitura, discutindo práticas alternativas às práticas pedagógicas mais comuns em sala de aula, a partir da interface entre estratégias e habilidades e focalizando os aspectos globais do texto.

Comitê editorial	Cláudia Lemos Vóvio, Mayra Moura, Vera Masagão Ribeiro e Wagner Santana
Coordenação editorial e edição	Iracema Nascimento
Pesquisa e redação (seção Além disso)	Tania Portella
Produção	Mayra Moura e Michele Ohl
Revisão de texto	Jandira Albuquerque de Queiroz
Projeto gráfico	Renata Alves de Souza
Editoração eletrônica	Tipo Gráfico

fotolito, impressão e acabamento

imprensaoficial

Rua da Mooca, 1921 São Paulo SP
Fones: 6099-9800 - 0800 123401
www.imprensaoficial.com.br